西政文库·博士篇

上市公司差异化信息披露研究

杨 淦 著

图书在版编目(CIP)数据

上市公司差异化信息披露研究 / 杨淦著. — 北京：商务印书馆，2021
（西政文库）
ISBN 978-7-100-19369-6

Ⅰ.①上… Ⅱ.①杨… Ⅲ.①上市公司－会计信息－研究－中国 Ⅳ.①F279.246

中国版本图书馆CIP数据核字（2021）第005874号

权利保留，侵权必究。

西政文库
上市公司差异化信息披露研究
杨 淦 著

商 务 印 书 馆 出 版
（北京王府井大街36号 邮政编码 100710）
商 务 印 书 馆 发 行
三河市尚艺印装有限公司印刷
ISBN 978 - 7 - 100 - 19369 - 6

| 2021年3月第1版 | 开本 680×960 1/16 |
| 2021年3月第1次印刷 | 印张 13 1/4 |

定价：60.00元

西政文库编委会

主　任：付子堂
副主任：唐　力　周尚君
委　员：（按姓氏笔画排序）

龙大轩　卢代富　付子堂　孙长永　李　珮
李雨峰　余劲松　邹东升　张永和　张晓君
陈　亮　岳彩申　周尚君　周祖成　周振超
胡尔贵　唐　力　黄胜忠　梅传强　盛学军
谭宗泽

总　序

"群山逶迤，两江回环；巍巍学府，屹立西南……"

2020年9月，西南政法大学将迎来建校七十周年华诞。孕育于烟雨山城的西政一路爬坡过坎，拾阶而上，演绎出而今的枝繁叶茂、欣欣向荣。

西政文库以集中出版的方式体现了我校学术的传承与创新。它既展示了西政从原来的法学单科性院校转型为"以法学为主，多学科协调发展"的大学后所积累的多元化学科成果，又反映了学有所成的西政校友心系天下、回馈母校的拳拳之心，还表达了承前启后、学以成人的年轻西政人对国家发展、社会进步、人民福祉的关切与探寻。

我们衷心地希望，西政文库的出版能够获得学术界对于西政学术研究的检视与指引，能够获得教育界对于西政人才培养的考评与建言，能够获得社会各界对于西政长期发展的关注与支持。

六十九年前，在重庆红岩村的一个大操场，西南人民革命大学的开学典礼隆重举行。西南人民革命大学是西政的前身，1950年在重庆红岩村八路军办事处旧址挂牌并开始招生，出生于重庆开州的西南军政委员会主席刘伯承兼任校长。1953年，以西南人民革命大学政法系为基础，在合并当时的四川大学法学院、贵州大学法律系、云南大学法律系、重庆大学法学院和重庆财经学院法律系的基础上，西南政法学院正式成立。中央任命抗日民族英雄，东北抗日联军第二路军总指挥、西南军政委员会政法委员会主任周保中将军为西南政法学院首任院长。1958年，中央公安学院重庆分院并入西南政法学院，使西政既会聚了法学名流，又吸纳了实务精英；既秉承了法学传统，又融入了公安特色。由此，学校获誉为新中国法学教育的"西南联大"。

20世纪60年代后期至70年代，西南政法学院于"文革"期间一度停办，老一辈西政人奔走呼号，反对撤校，为保留西政家园不屈斗争并终获胜利，为后来的"西政现象"奠定了基础。

20世纪70年代末，面对"文革"等带来的种种冲击与波折，西南政法学院全体师生和衷共济，逆境奋发。1977年，经中央批准，西南政法学院率先恢复招生。1978年，经国务院批准，西南政法学院成为全国重点大学，是司法部部属政法院校中唯一的重点大学。也是在70年代末，刚从"牛棚"返归讲坛不久的老师们，怀着对国家命运的忧患意识和对学术事业的执着虔诚，将只争朝夕的激情转化为传道授业的热心，学生们则为了弥补失去的青春，与时间赛跑，共同创造了"西政现象"。

20世纪80年代，中国的法制建设速度明显加快。在此背景下，满怀着憧憬和理想的西政师生励精图治，奋力推进第二次创业。学成于80年代的西政毕业生们成为今日我国法治建设的重要力量。

20世纪90年代，西南政法学院于1995年更名为西南政法大学，这标志着西政开始由单科性的政法院校逐步转型为"以法学为主，多学科协调发展"的大学。

21世纪的第一个十年，西政师生以渝北校区建设的第三次创业为契机，克服各种困难和不利因素，凝心聚力，与时俱进。2003年，西政获得全国首批法学一级学科博士学位授予权；同年，我校法学以外的所有学科全部获得硕士学位授予权。2004年，我校在西部地区首先设立法学博士后科研流动站。2005年，我校获得国家社科基金重大项目（A级）"改革发展成果分享法律机制研究"，成为重庆市第一所承担此类项目的高校。2007年，我校在教育部本科教学工作水平评估中获得"优秀"的成绩，办学成就和办学特色受到教育部专家的高度评价。2008年，学校成为教育部和重庆市重点建设高校。2010年，学校在"转型升格"中喜迎六十周年校庆，全面开启创建研究型高水平大学的新征程。

21世纪的第二个十年，西政人恪守"博学、笃行、厚德、重法"的西政校训，弘扬"心系天下，自强不息，和衷共济，严谨求实"的西政精神，坚持"教学立校，人才兴校，科研强校，依法治校"的办学理念，推进学校发展取得新成绩：学校成为重庆市第一所教育部和重庆市共建高校，入选首批卓越法律人才教育培养基地（2012年）；获批与英国考文垂大学合作举办法学专业本科教育项目，6门课程获评"国家级精品资源共享课"，两门课程获评"国家级精品视频公开课"（2014年）；入选国家"中西部高校基础能力建设工程"院校，与美国凯斯西储大学合作举办法律硕士研究生教育项目（2016年）；法学学科在全国第四轮学科评估中获评A级，新闻传播学一级学科喜获博士学位授权点，法律专业硕士学位授权点在全国首次专业学位水平评估中获评A级，经济法教师团队入选教育部"全国高校黄大年式教师团队"（2018年）；喜获第九届世界华语辩论锦标赛总冠军（2019年）……

不断变迁的西政发展历程，既是一部披荆斩棘、攻坚克难的拓荒史，也是一部百折不回、逆境崛起的励志片。历代西政人薪火相传，以昂扬的浩然正气和强烈的家国情怀，共同书写着中国高等教育史上的传奇篇章。

如果对西政发展至今的历史加以挖掘和梳理，不难发现，学校在教学、科研上的成绩源自西政精神。"心系天下，自强不息，和衷共济，严谨求实"的西政精神，是西政的文化内核，是西政的镇校之宝，是西政的核心竞争力；是西政人特有的文化品格，是西政人共同的价值选择，也是西政人分享的心灵密码！

西政精神，首重"心系天下"。所谓"天下"者，不仅是八荒六合、四海九州，更是一种情怀、一种气质、一种境界、一种使命、一种梦想。"心系天下"的西政人始终以有大担当、大眼界、大格局作为自己的人生坐标。在西南人民革命大学的开学典礼上，刘伯承校长曾对学子们寄予厚望，他说："我们打破旧世界之目的，就是要建设一个人民的新世界……"而后，从化龙桥披荆斩棘，到歌乐山破土开荒，再到渝北校区新建校园，几代西政人为推进国家的民主法治进程矢志前行。正是在不断的成长和发展过程中，西政见证了新中国法学教育的涅槃，有人因此称西政为"法学黄埔军校"。其实，这并非仅仅是一个称号，西政人之于共和国的法治建设，好比黄埔军人之于那场轰轰烈烈的北伐革命，这个美称更在于它恰如其分地描绘了西政为共和国的法治建设贡献了自己应尽的力量。岁月经年，西政人无论是位居"庙堂"，还是远遁"江湖"，无论是身在海外华都，还是立足塞外边关，都在用自己的豪气、勇气、锐气，立心修德，奋进争先。及至当下，正有愈来愈多的西政人，凭借家国情怀和全球视野，在国外高校的讲堂上，在外交事务的斡旋中，在国际经贸的商场上，在海外维和的军营里，实现着西政人胸怀世界的美好愿景，在各自的人生舞台上诠释着"心系天下"的西政精神。

西政精神，秉持"自强不息"。"自强不息"乃是西政精神的核心。西政师生从来不缺乏自强传统。在 20 世纪七八十年代，面对"文革"等带来的发展阻碍，西政人同心协力，战胜各种艰难困苦，玉汝于成，打造了响当当的"西政品牌"，这正是自强精神的展现。随着时代的变迁，西政精神中"自强不息"的内涵不断丰富：修身乃自强之本——

尽管地处西南，偏于一隅，西政人仍然脚踏实地，以埋头苦读、静心治学来消解地域因素对学校人才培养和科学研究带来的限制。西政人相信，"自强不息"会涵养我们的品性，锻造我们的风骨，是西政人安身立命、修身养德之本。坚持乃自强之基——在西政，常常可以遇见在校园里晨读的同学，也常常可以在学术报告厅里看到因没有座位而坐在地上或站在过道中专心听讲的学子，他们的身影折射出西政学子内心的坚守。西政人相信，"自强不息"是坚持的力量，任凭时光的冲刷，依然能聚合成巨大动能，所向披靡。担当乃自强之道——当今中国正处于一个深刻变革和快速转型的大时代，无论是在校期间的志愿扶贫，还是步入社会的承担重任，西政人都以强烈的责任感和实际的行动力一次次证明自身无愧于时代的期盼。西政人相信，"自强不息"是坚韧的种子，即使在坚硬贫瘠的岩石上，依然能生根发芽，绽放出倔强的花朵。

西政精神，倡导"和衷共济"。中国司法史上第一人，"上古四圣"之一的皋陶，最早提倡"和衷"，即有才者团结如钢；春秋时期以正直和才识见称于世的晋国大夫叔向，倾心砥砺"共济"，即有德者不离不弃。"和衷共济"的西政精神，指引我们与家人美美与共：西政人深知，大事业从小家起步，修身齐家，方可治国平天下。"和衷共济"的西政精神指引我们与团队甘苦与共：在身处困境时，西政举师生、校友之力，攻坚克难。"和衷共济"的西政精神指引我们与母校荣辱与共：沙坪坝校区历史厚重的壮志路、继业岛、东山大楼、七十二家，渝北校区郁郁葱葱的"七九香樟""八零花园""八一桂苑"，竞相争艳的"岭红樱"、"齐鲁丹若"、"豫园"月季，无不见证着西政的人和、心齐。"和衷共济"的西政精神指引我们与天下忧乐与共：西政人为实现中华民族伟大复兴的"中国梦"而万众一心；西政人身在大国，胸有大爱，遵循大道；西政人心系天下，志存高远，对国家、对社会、对民族始终怀着强烈的责任感和使命感。西政人将始终牢记：以"和衷共济"的人生态度，以人类命运共同体的思维高度，为民族复兴，为人类进步贡献西政人的智慧和力量。这是西政人应有的大格局。

西政精神，着力"严谨求实"。一切伟大的理想和高远的志向，都需要务实严谨、艰苦奋斗才能最终实现。东汉王符在《潜夫论》中写道："大人不华，君子务实。"就是说，卓越的人不追求虚有其表，有修养、有名望的人致力于实际。所谓"务实"，简而言之就是讲究实际，实事求是。它排斥虚妄，鄙视浮华。西政人历来保持着精思睿智、严谨求实的优良学风、教风。"严谨求实"的西政精神激励着西政人穷学术之浩瀚，致力于对知识掌握的弄通弄懂，致力于诚实、扎实的学术训练，致力于对学习、对生活的精益求精。"严谨求实"的西政精神提醒西政人在任何岗位上都秉持认真负责的耐劳态度，一丝不苟的耐烦性格，把每一件事都做精做细，在处理各种小事中练就干大事的本领，于精细之处见高水平，见大境界。"严谨求实"的西政精神，要求西政人厚爱、厚道、厚德、厚善，以严谨求实的生活态度助推严谨求实的生活实践。"严谨求实"的西政人以学业上的刻苦勤奋、学问中的厚积薄发、工作中的恪尽职守赢得了教育界、学术界和实务界的广泛好评。正是"严谨求实"的西政精神，感召着一代又一代西政人举大体不忘积微，务实效不图虚名，博学笃行，厚德重法，历经创业之艰辛，终成西政之美誉！

"心系天下，自强不息，和衷共济，严谨求实"的西政精神，乃是西政人文历史的积淀和凝练，见证着西政的春华秋实。西政精神，在西政人的血液里流淌，在西政人的骨子里生长，激励着一代代西政学子无问西东，勇敢前行。

西政文库的推出，寓意着对既往办学印记的总结，寓意着对可贵西政精神的阐释，而即将到来的下一个十年更蕴含着新的机遇、挑战和希望。当前，学校正处在改革发展的关键时期，学校将坚定不移地以教学为中心，以学科建设为龙头，以师资队伍建设为抓手，以"双一流"建设为契机，全面深化改革，促进学校内涵式发展。

世纪之交，中国法律法学界产生了一个特别的溢美之词——"西政现象"。应当讲，随着"西政精神"不断深入人心，这一现象的内涵正在不断得到丰富和完善；一代代西政校友，不断弘扬西政精神，传承西政文化，为经济社会发展，为法治中国建设，贡献出西政智慧。

是为序。

西南政法大学校长，教授、博士生导师
教育部高等学校法学类专业教学指导委员会副主任委员
2019 年 7 月 1 日

序

资源的任何配置都是特定决策的结果，而人们做出的任何决策都是基于给定的信息。因此，经济生活所面临的根本问题不是资源的最优配置问题，而是如何最有效地利用信息的问题。

——弗里德里希·奥古斯特·冯·哈耶克

信息披露是证券市场的永恒命题，也是上市公司治理的重要内容。我国证券市场建立二十多年以来，上市公司信息披露制度也随着市场规模的扩张和交易模式的创新在短时间内经历了从无到有、逐步完善的发展过程，在披露内容、披露渠道、监管方式上都已经形成了一套较为完整的制度体系。这套制度有效缓解了市场建立初期信息供给不足、披露欺诈横行、内幕交易遍布的历史困局，对于调和信息供需矛盾、引导资源优化配置、提升市场融通效率发挥了重要作用。

但时至今日，证券产品复杂化、投资者构成多元化、上市公司分级化、市场功能层次化的发展变革已成必然趋势。尤其是近年来，证券市场在各种关于"注册制"改革的猜想和热议中跌宕起伏。① 从核准

---

① "注册制"原本不是一个严谨的法律术语，它来自市场坊间对美国等境外资本市场证券发行体系的泛称。正如美国历史学家、作家房龙所言："在政治历史中，重要的不是真相是什么，而是人们认为真相是什么。"无论美国"注册制"的真相是什么，这个名词毫无疑问地赋予了中国改革的时代气息：发挥市场在资源配置中的决定性作用，进一步理清政府与市场的关系。

制向注册制转型的顺利落实，需要一系列配套制度的跟进配合。而这些配套制度改革完善所围绕的核心或起点，便是证券市场之灵魂——"上市公司信息披露制度"。从规范体系层面看，发展三十余年的我国证券市场在借鉴美国和我国香港等国家、地区经验的基础上，建立了结构较为合理的多层次规范体系。作为信息博弈双方的投资者与上市公司，其利益诉求也发生了明显变化。投资者不但需要形式合格的信息内容，更需要实质有效的信息内容，甚至不同类型的投资者对于信息需求的多与少、详与简，以及所关注的重点内容都发生了变化分离。与此同时，在不同规模、不同行业、不同经营状况的上市公司之间，信息披露动机和信息披露质量也出现分化差异。面对这一现实，整齐划一的立法理念和一视同仁的监管思路显得格格不入。上市公司信息披露模板化、同质化、过量化的问题逐渐凸显。许多上市公司的信息披露都存在重形式、轻内容的问题，或借用"信息平衡术"来依葫芦画瓢。表面来看，这些信息具有无可挑剔的规范形式，但事实上那些能够真正反映公司"个性"，对投资者决策有用的重要信息往往被模糊化处理甚至省略披露。因此，如何满足投资者多元化的信息需求？如何鼓励上市公司从源头上提高信息披露质量？如何以有限的监管资源来应对数量众多的上市公司？这些是我们亟须解决的现实困境。但也应注意到，我国资本市场层次结构的区分已逐渐清晰，上市公司的行业结构也更加多元，而不同上市公司的优劣表现也有所分化。在一体适用的强制性信息披露规范下，上市公司的信息披露中除了财务数据有区别体现，其他的非财务信息按照规范中的表述和格式拼凑大量重复的通用信息，真正有价值的信息含量少之又少。披露报告似乎是对法定规范的"被动遵守"，而没有实现与投资者之间的"对话沟通"。其结果是，上市公司耗费时间、人力和物力，但最终提交的仅仅是一份篇幅冗长但内容空泛的"标准答案"，投资者满怀期待地搜集信息并仔细阅读，最终发现自己竟被淹没于无边无际的信息海洋，成为"睁着眼睛的瞎子"。

为此，以信息需求双方的多样性区分和信息传递空间的层次化区分为视角，设计一种针对不同类型或同一类型不同情况的上市公司适用不同的信息披露立法规范和监管措施，以突出信息披露针对性和有效性的制度规范成为我们的探索方向。与一体化的强制信息披露制度相对应，我们将其称之为"差异化信息披露制度"。事实上，差异化信息披露在国内外的信息披露实践中早已有所体现。

从世界范围来看，最早的差异化信息披露制度实践是针对一些特殊行业展开的。美国早在20世纪30年代就针对石油与天然气、银行、房地产、保险、矿产经营行业内的上市公司信息披露提出了特别要求，我国香港和澳大利亚的证券市场也有类似做法。我国证监会也在2000年初针对金融行业的上市公司（商业银行、证券公司、保险公司）制定了专门的信息披露编报规则，与一般上市公司相比，对其披露报告做出了很多差异化规定。并且自2013年起，沪深两市交易所制定的行业类信息披露规范指引的覆盖面再次扩大，涉及广播电影、生物制药、煤炭等特殊行业。于此之外，随着多层次资本市场的出现，不同层次资本市场的信息披露规范标准也呈现出明显差异，从普遍实践来看，一般上市标准越高的市场其信息披露立法和监管也愈加严格。在我国多层次资本市场的构建历程中，创业板市场信息披露的特色不足已经被各界反复讨论，监管机构也直面这一问题，并在2013年3月到2014年6月期间发布一系列信息披露规范准则。修订后的准则，内容有增有减，简化与强化并举，至少在规范层面使我国创业板信息披露制度更具个性化和灵活性，但如何真正落实这些规范指引，仍待探索。另外，值得一提的是，2002年左右我国上交所还曾建立一套上市公司信息披露风险分类监管制度，几乎同一时间，深交所也开始对上市公司信息披露进行考评，并将考评结果计入上市公司诚信档案，或者排除获评较差的上市公司，使用电子化的信息披露"直通车"系统。

这些探索和实践充分说明我国监管机构已坚定了差异化信息披露改革的决心，并且实践部门也给予积极的支持与配合。但必须承认，由于理论研究的浅显和制度实践的匮乏，当下这些零零散散的差异化尝试尚未构成一项完整的制度体系，存在立法位阶过低①、适用范围较窄②、披露形式单一③、缺乏指导性原则等问题，因此未能真正发挥其应有的制度优势来解决当下面临的现实问题。

与此同时，我国证券市场正在经历着以证券发行注册制改革为起点的整体性变革。从"核准制"的发行审核方式向"注册制"转变只是注册制改革的表象，更为深层次和核心化的问题是信息披露。市场入口的前端放开，意味着投资者和上市公司的直接博弈，这就需要上市公司的信息披露超越"形式规范性"而迈向"实质有效性"，使投资者获取更多对决策有用的信息。综上所述，以"差异化"为视角对上市公司信息披露制度进行理论推演和实践探索，明确其理论内涵、表现形式、实现路径和体系化的构建方法，无疑正当其时。

本书展开了对上市公司差异化信息披露的理论研究，其中既有对理论基础的透析，也有对实践操作的归纳；既有对我国历史及现状的回顾、梳理，也有对国外相关内容的剖析、借鉴。在此基础上，本书分别回答了三个问题：（1）何谓差异化信息披露；（2）差异化信息披露的表现形式；（3）差异化信息披露的实现路径。

各章内容简述如下：

---

① 已有的差异化信息披露规范主要属于沪深两市制定的自律性规则，而在更高位阶的部门规章和法律层面没有相应的原则性规定。如果继续出台更多的下位规范，可能出现与上位立法冲突的情况，或者因为缺乏上位立法的指导，而就此放弃更多的微观探索，两种情况都不利于差异化信息披露制度体系的建立和完善。

② 以分行业的差异化信息披露为例，目前仅涵盖房地产、石油天然气等少数几个行业，而更多颇具特色的新兴行业的信息披露没有专门的规范指引。

③ 仍然以分行业的差异化信息披露为例，在已有的特殊行业指引中，行业内的所有上市公司都要遵守同样的强制性信息披露规范，可能出现的结果是，同一类行业的上市公司信息披露雷同有余而差异不足，因此，差异化的信息披露方式也是应当重点探讨的对象。

第一章解析上市公司信息披露制度的价值取向及其实现路径。证券市场类似于一个大型买卖市场，人们在这里买卖证券商品。证券作为一种典型的虚拟资本，所代表的价值与其本身的物理形态脱节，需要大量信息对证券商品的品质进行考核，因此，证券买卖的具象图景是买卖双方之间交换信息与资金。从这个意义上讲，证券信息本身也具有商品属性。但这种商品的识别颇具复杂性和主观性，如果不对其生产、流通进行规范控制可能导致证券市场萎缩为"柠檬市场"。因此，一套规范信息商品生产质量、统一商品验证机制和传播渠道的上市公司信息披露制度得以生成。这套体系化的制度以商事规范为主要构成元素，内含着公平与效率的价值取向。这种公平需要超越形式公平而追求实质公平，即信息商品的使用价值在需求者之间公平实现，信息传播所得收益在供给者之间公平实现。在此意义上，实质公平与效率相互统一。这种价值超越与价值统一的实现需要充分关注信息供求双方多元化的利益诉求，并通过差异化信息披露的制度设计来调和客观存在的供求矛盾。

第二章透析上市公司差异化信息披露的理论内涵。在信息披露这一证券法领域的恒常性命题前加注"差异化"的定语可以就此开拓一个新的研究视角，其研究的切入基点正是"差异"一词。"差异"本是哲学研究的基本范畴，与此相伴的另一概念是"同一"。在二者的辩证关系中："差异"是绝对的现实存在；"同一"是相对的抽象存在。透过"差异"我们看到的公平本身是"差异性的公平"，其结果便是效率，但"差异性公平"的现实存在也是以一定范围内的"同一"为基础。据此，笔者在时间、空间和内容三个维度中确定"同一"或"差异"的对比基础之后给出了"差异化信息披露"的概念：在同一国家或地区内，针对不同类型或同一类型不同情况的上市公司适用不同的信息披露内容规范和形式要求，使其尽可能披露能够反映自身情况的重要信息，以突出信息披露的针对性和有效性。需要反复强调的是，差异化信息披露制度的价值基础在于关注供需双方多样化的利益诉求以实现实质公平与效率。所以，整个差异化信息披露的制度设计也应以"满足投资多样化的信息需求"和"降低上市公司信息披露成本"为基本原则，以保持制度存续的生命力和制度执行的约束力。

第三章梳理上市公司差异化信息披露的表现形式。通过透析差异化信息披露的理论内涵我们看到，"差异化信息披露"并非是要回到完全自愿披露的历史时期来苛求每一公司呈现完全"差异"的样态。更理性的选择是在信息披露制度的现有框架下，寻找上市公司"同质性"和"异质性"的区分维度，对不同类型或同一类型不同情况的上市公司适用不同的规范内容。这种区分可将公司所在市场板块、行业属性以及风险水平的差异作为基础。原因在于：不同层次资本市场基于功能定位的不同而吸纳不同规模、不同成长周期的上市公司以及不同风险偏好的投资者；不同行业间的公司其经营模式、竞争格局和资本结构也存在显著差异；而同一层次市场或相同行业的上市公司之间，其运作的风险水平也存在不同。这些差异决定了能够反映公司价值和风险的信息侧重有所不同，因此，适用不同的内容规范、监管标准和监管力度可以督促上市公司向投资者传递财务信息之外的非财务信息、历史信息之外的前瞻性信息、通用信息之外的特色信息，以此提高信息披露的有效性。

第四章探索上市公司差异化信息披露的实现路径。确定了差异化信息披露的表现形式之后，需要继续研究如何在不同公司的信息披露当中实现"差异化"。笔者按照是否披露、披露什么以及怎样披露的逻辑径路分析指出，可以通过"强制披露与自愿披露""全面披露与简化披露""重点披露与非重点披露""纸媒披露与网络披露"四种方式实现差异安排。首先，强制性信息披露有其固有的局限性，既无法有效检测"软信息"的产生，也无助于激发信息供给者的供给动力，为此，可以寻求遵守或解释性模式的披露规则进行软化，并以自愿性披露来补充。其次，为了满足不同类型投资者的需求偏好，应当引导上市公司同时提供详版和简版两种披露报告。简化披露报告的方法主要有浓缩年报摘要、简化披露文本、调整披露时间、运用简明语言等。再次，为了避免因重大性标准认定的非稳定性而滋生的冲突和漏洞，应当从充分揭示行业特色和运营风险的角度出发，在披露信息时有所侧重。最后，网络披露媒介的发展也为差异化披露的实现提供了便捷载体，既可以在对不同公司进行风险评价的基础之上规定差异化的披露方式，也可以借助电子化的披露系统鼓励风险较低的公司进行自愿披露。

第五章提出我国上市公司差异化信息披露体系的构建方法。其一，基于公司治理的内生性质，差异化信息披露的立法构造应当软硬兼施。硬法规范包括在《证券法》中对差异化信息披露进行原则性规定，此外，由证监会制定《差异化信息披露管理办法》和《差异化信息披露的个案分析与建议》。软法规范包括通过对《上市公司治理规则》的软化及上市规则来导入。其二，差异化信息披露的有效监管需要建立一种严密的分类监管体系，包括明确分类监管原则、分类评价指标和分类评价结果。在此基础上，对高风险类和次高风险类的上市公司实行严密监管，对正常类或优秀类的上市公司实施例行监管，对关注类的上市公司实行适度监管。其三，差异化信息披露的顺利实施还有赖于配套机制的完善，包括成立信息披露咨询委员会来促进差异化信息披露的规范认定，以及鼓励开展上市公司信息披露评级活动。

目　录

第一章　上市公司信息披露制度的价值解构 ... 1
第一节　商品化的证券信息及其生产控制制度 ... 1
一、证券市场的信息依赖性 ... 2
二、商品化的证券信息及其分布不均 ... 3
三、信息生产控制的制度安排：上市公司信息披露制度 ... 7
第二节　上市公司信息披露制度的价值取向 ... 14
一、上市公司信息披露制度中的公平价值 ... 15
二、上市公司信息披露制度中的效率价值 ... 21
第三节　上市公司信息披露制度的价值实现 ... 29
一、上市公司信息披露的需求分析 ... 30
二、上市公司信息披露的供给分析 ... 36
三、上市公司信息披露的供需互动与冲突 ... 37
四、调和信息供需冲突的基本方向：差异化信息披露 ... 39

第二章　上市公司差异化信息披露的理论内涵 ... 42
第一节　差异化信息披露的界定 ... 42
一、"差异"与"同一"之辩 ... 43
二、何谓"差异化"披露？ ... 47

第二节 上市公司差异化信息披露的基本原则..................50
　一、以投资者需求为导向..................50
　二、降低上市公司信息披露成本..................56

第三章 上市公司差异化信息披露的表现形式..................58

第一节 不同市场间上市公司的差异化信息披露..................59
　一、多层次资本市场的生成机理及层次体系..................59
　二、域外不同市场间上市公司信息披露的差异化安排..................69
　三、我国不同市场间上市公司信息披露的现状评析..................81

第二节 不同行业间上市公司的差异化信息披露..................84
　一、信息披露的同行传递效应分析..................84
　二、分行业差异化信息披露的优势..................86
　三、分行业信息披露的制度实践..................88

第三节 不同风险水平上市公司的差异化信息披露..................96
　一、上市公司分类监管与风险识别..................96
　二、不同风险水平公司间差异化信息披露的探索..................100

第四章 上市公司差异化信息披露的实现路径..................107

第一节 强制披露与自愿披露..................107
　一、强制性披露的局限及其边界..................108
　二、强制性披露的软化路径：不披露即解释..................115
　三、自愿性信息披露的补充供给..................122

第二节 全面披露与简化披露..................125
　一、全面披露与简化披露的共存基础..................126
　二、简化信息披露的主要方法..................129

第三节 重点披露与非重点披露 132
一、重点披露与非重点披露的区分基础 133
二、重点披露的行业信息与风险信息：举例说明 138

第四节 纸媒披露和网络披露 141
一、信息披露的主要载体 142
二、信息披露载体的差异化安排 145

第五章 我国上市公司差异化信息披露制度体系的构建 148

第一节 上市公司差异化信息披露的立法构造 148
一、差异化信息披露硬法规制的路径 149
二、差异化信息披露软法规制的路径 153

第二节 上市公司差异化信息披露的监管体系 162
一、上市公司分类监管体系的建立 162
二、分类监管下差异化信息披露的实现 166

第三节 上市公司差异化信息披露的配套机制 168
一、规范差异化信息披露的实践认定 168
二、完善信息披露评级制度 170

结　语 174

参考文献 176

第一章　上市公司信息披露制度的价值解构

第一节　商品化的证券信息及其生产控制制度

证券市场类似于一个大型买卖市场，人们在这里买卖名曰证券的商品。而证券作为资本单位的一种表现形式，所代表的价值内核与其本身的物理形态脱节，买方需要借助大量信息来评判证券商品的品质并在此基础上做出投资决策。但信息在证券买卖双方之间的分布明显不均，受限于主客观各方面的原因，买方难以凭借一己之力获取卖方所占有的大量信息。因此，证券买卖的具象图景是卖方以自己所占有的证券信息来换取买方持有的资金，从这个意义上讲，证券信息本身也具有商品属性。但在实践中，获取信息的买方很难在短时间内识别这些信息商品的质量而留给卖方以次充好的空间。经过长久、数次的交易回合，买方也逐渐会根据市场中证券商品的平均质量来对某一特定证券进行定价，这样，质量不一的证券商品就无法得到差别化的价格回报，最终整个市场也会在"劣币驱逐良币"的恶性循环中萎缩为"柠檬市场"。因此，证券市场的健康存续需要一种提升信息商品生产质量、促进信息流通的控制性制度安排，而这也是上市公司信息披露制度的本质及其存在价值。

一、证券市场的信息依赖性

证券是记载并代表某种特定权益的权利凭证[①],由融资者制作并向投资者发行以融入资金,投资者持有证券后可继续买卖流通来获取差价收益。这种证券发行和买卖的固定场所形成了证券市场。由发行人作为卖方第一次向投资者卖出证券的市场为发行市场,发行之后证券通过持有者转手买卖不断流通的市场为交易市场。[②]

有价证券作为证券市场流通交易的标的物[③],其本身没有价值,是一种虚拟资本,是货币资本、实物资本的转化形态[④]。换言之,证券产品的物理样态与其所代表的价值之间没有直接联系。甚至在无纸化的发行技术下,有些证券产品只以概念的方式存在,因此,证券所代表的投资价值与证券本身在空间上完全分离,蕴含着表象与实质之间的脱节。这种脱节无法通过现场勘查、经验积累和交流传递等物理测量手段来弥补,而需要获取真实、完整的证券信息并进行分析和判断,进而对证券产品进行考核、定价。这些信息按照来源的不同可以分为:证券制作人公开披露的信息、监管机构公布的信息、中介服务机构提

---

① 证券的定义是证券法的原点问题,关于证券概念的界定方法有:"概括式"(着重证券的内涵)、"列举式"(着重证券的外延)、"概括+列举式"(也称"内涵+外延"式立法,是指对市场中已经成熟或常见的一些证券品种直接列举,对于无法确切冠名或尚未得到市场足够验证的金融产品高度抽象概括)。在我国近年来《证券法》修改之际(第十二届全国人大常委会第十次会议于 2014 年 8 月 31 日通过全国人大常委会关于修改《证券法》等五部法律的决定),多数学者主张采取"概括+列举"的方式界定证券的概念。参见陈洁:《金融投资商品统一立法趋势下"证券"的界定》,《证券法苑》2011 年第 2 期;证券华东政法大学课题组:《证券法的调整范围与立法体例研究》,《证券法苑》2014 年第 1 期;吕成龙:《我国〈证券法〉需要什么样的证券定义》,《政治与法律》2017 年第 2 期;邢会强:《我国〈证券法〉上证券概念的扩大及其边界》,《中国法学》2019 年第 1 期等。但鉴于该问题不是本书探讨的重点,故在此仅就证券的基本属性加以概括,不代表笔者对证券的严格定义。

② 参见朱锦清:《证券法学》,北京大学出版社 2011 年版,第 40 页。

③ "有价证券"是指有票面金额、证明持有人有权取得收入、可自由转让和买卖的所有权或债权凭证。有价证券是证券的主要形式,本书以后所提及的"证券"特指"有价证券"。

④ 虚拟资本是独立于实体资本的一种资本存在形式,其变化并不反映实际资本额的变化,但可以实体资本为基础产生经济收益。参见赵海宽:《虚拟资本及其积极作用》,《金融研究》2000 年第 3 期。

供的信息、投资者通过其他渠道搜集的信息;按照信息内容的不同可以分为:市场宏观信息、行业信息、股票信息、债券信息、交易统计信息,等等。因此我们看到,证券市场的运行高度依赖于信息传播,市场运作的过程就是一种信息处理的过程,社会资金通过市场信息的传播引导流向各个实体部门。

二、商品化的证券信息及其分布不均

(一)证券信息的商品特性

在上述证券市场高度依赖的信息中,由特定市场主体公开披露的证券信息是证券信息披露法律制度所规范的信息,故后文指称的所有证券信息仅限于此类信息。笔者进一步认为,不仅证券是市场上的交易商品,就连证券信息,也具有商品属性。因为其满足商品所内含的价值和使用价值两个基本属性。

价值是指凝结在商品中无差别的人类劳动,是产品成为商品的首要条件。证券信息是特定市场主体对会计数据或其他客观事实进行加工、整理、聚合和传递的结果,这一过程本身凝结和耗费了多个市场主体的劳动过程(包括体力劳动和脑力劳动),不仅包括发行人内部会计人员及决策人员对经济活动的确认、决策、记录和报告,还包括外部人对这些记录报告的验证。因此,证券信息的价值和其他物质商品的价值形成过程一样,都凝结了无差别的人类劳动。使用价值是商品满足人类某种需要的属性。对证券信息来说,其使用价值在于能使投资者据此做出投资决策或者融资者通过向市场传递信息而获得融资回报,这也是自愿性信息披露的原始动机。当然,其使用价值还包括监管者据此实施监管活动。

但与一般商品相比,证券信息又具有特殊性,这种特殊性具体表现为三个方面:第一,其价值量难以衡量。证券信息生产过程中投入的脑力技术比重大大高于体力劳动。而商品的价值量由社会必要劳动时间决定，对证券信息来说，复杂的脑力劳动时间很难统一度量。第二，证券价值的实现方式具有特殊性。对一般物质商品而言，商品所有者须以出让商品使用价值的方式来实现商品价值；但对证券信息商品来说，其价值实现不以出让使用价值为必要，而更多是以信息共享机制来实现。第三，信息的使用价值具有相对性。与一般商品相比，信息不是一种通过消极被动接受就可以使拥有者获益的商品。其使用价值的实现需要接受者通过某种"劳动"才能实现。① 这也意味着，同一证券信息对不同信息使用者而言使用价值的实现方式和实现效果不同。这些特殊性，又在一定程度上导致证券信息商品存在供给不足和供求差异的特点，后文将予以详述。

（二）证券市场信息不对称

证券信息商品价值和使用价值的特殊因素以及信息公共产品属性两者共同作用②，导致证券市场无法回避自由竞争市场所面临的普遍问题——信息失灵（information failure），也即市场交易的双方无法观察到彼此行为，或无法探知另一方的行为信息。一般认为，信息失灵主要表现为信息不充分、信息不对称以及信息不准确③，其本质是信息

---

① 参见范并思：《论信息公平的制度选择》，《图书馆》2007年第4期。

② 作为与私人产品对称的公共产品，是指无论个人是否愿意购买，均能使整个社会每一成员获益的物品或服务。公共产品具备两个基本特性：非排他性和非竞争性。前者是指无法排除不付费者对它的消费，后者是指每个人消费这种产品或服务不会导致其他人对其消费的减少。证券信息是典型的公共产品。证券信息的提供者无法阻止不付费的免费搭乘者使用其提供的信息；而且证券信息不会因被人使用而消耗，可以同时为多人使用。

③ 也有观点认为，严格来说，将"信息不充分""信息不对称"以及"信息不准确"区分为"信息失灵"的三种表现形式并不准确。原因在于："信息不充分"是基于与决策信息总量相比较的概念；"信息不对称"是基于各主体之间信息拥有量相比较的概念；"信息不准确"是基于对信息质量评价而创造的概念。就三者的关系而言，"信息不准确"会导致"信息不充分"，"信息不对称"中信息劣势主体的信息拥有也必然不充分。之所以做出这种区分是为了理论研究的方便，但这并不表明三种情况在现实中是绝对分离的。参见应飞虎：《信息失灵的制度克服研究》，西南政法大学2002年经济法学博士学位论文，第2页。笔者赞同此种观点，"信息不对称""信息不充分"以及"信息不准确"三者事实上只是同一个问题的不同方面。因此，本书接下来的表述中不再分别探讨，仅以证券市场的"信息不对称"为论述对象。

在不同市场参与主体之间的分布不均。具体包括三种情况：其一，空间分布的不均，即在不同的市场交易上双方拥有的信息量不同；其二，获取时间的不同，即市场参与主体获取信息的时间不同，有些主体能够比对方更早获取信息；其三，信息使用效果的不同，即获得同样的信息后，由于不同市场参与者处理信息能力存在差异，对同样的信息可能做出不同判断。

信息不对称会使市场参与者有充足动力通过搜寻、获取、分析和运用信息去追逐投资收益，基于获取的不同信息做出的不同投资决策也使证券市场充满活力。否则，在信息完全对称状态下市场参与者拥有同质同量的信息或具备同等水平的信息处理能力，市场将达到并维持一定的平均利润率，交易总量也会下降。但与此同时，信息不对称又会放大或强化市场风险，引发逆向选择（adverse selection），从而使证券市场变为"柠檬市场"。柠檬市场也称次品市场，是指在产品买卖中，如果买方拥有关于产品的信息过少，就无法辨别产品的好坏，而卖者也可能以次充好。但买者也不傻，尽管他们并不了解特定产品的真实质量，但他们会以市场产品的平均质量来出价。这样一来，优质商品无法得到高价回报，而劣质商品也有相当的利润空间。长期发展的极端情况是：市场上充斥着劣质商品而无法成交。①

在证券市场中，信息不对称的事实存在于发行人或上市公司与投资者之间。发行人或上市公司确切知道自身的经营状况、盈利前景和所面临的风险因素，而投资者很难了解公司内外部的实际情况，只能根据市场整体环境和自己以往积累的经验进行评估。此时，价格保护机制将在市场定价中发挥决定性作用，投资者倾向于根据所

---

① 在美国俚语中，"柠檬"俗称"次品"或"不中用的东西"。1970年，美国经济学家乔治·阿克尔洛夫（George A. Akerlof）发表了《柠檬市场：质量不确定和市场机制》一文，在这篇文章中，作者以旧车市场举例说明了信息不对称对市场运作的影响。参见张五常：《经济解释》，中信出版社2015年版，第663—665页。

有上市公司的平均状况给出一个折中定价。这样所造成的不利结果在于：实际经营业绩高于市场平均经营业绩的公司会因股价被低估而选择退出，另外寻找融资途径；而实际经营业绩低于市场平均经营业绩的公司则因其股价被高估而愿意继续留在市场继续融资。多次博弈以后，那些留在证券市场进行融资的公司其整体业绩水平将普遍低于原有水平，而这一事实也会被投资者逐渐察觉，当他们再次购买证券时自然会进一步压低价格，那些少数实际经营业绩仍然较优的公司将继续被迫离开市场，最后只剩下经营业绩和盈利能力最差的公司继续在市场的舞台肆虐，证券市场优化资源配置的功能也因此被大大削弱。

逆向选择只是信息不对称可能造成的负面结果之一，除此以外，还存在道德风险（moral hazard）。① 道德风险是指："在委托代理关系中，从事经济活动的代理人在最大限度增进自身效用时做出不利于委托人的行为。"这是委托代理关系在信息不对称情况下产生的顽疾。委托人通过订立契约确定代理人以后，难以跟进掌握代理人从事代理义务的相关信息而无法有效监督其代理行为，于是，代理人可能会以牺牲委托人的利益为代价而追求自身效用最大化。在证券市场上，由于信息不对称的存在，这种道德风险可能普遍存在于投资者与上市公司管理层之间、投资者与证券中介机构之间以及中小投资者与大股东之间，代理人的败德行为不仅增加代理成本，而且会使委托人的利益受损。

---

① "道德风险"这一概念最早起源于海上保险，指投保人投保后因利益得到了保障，所以对其保险标的的保护程度大大降低，从而增大保险标的的风险程度。到1963年，由美国数理经济学家肯尼斯·J. 阿罗（Kenneth J. Arrow）将这一概念引入到经济学中来，指出道德风险是个体行为由于受到保险的保障而发生变化的倾向。是一种客观存在的，相对于逆向选择的事后机会主义行为，是交易一方由于难以观测或监督另一方的行动而导致的风险。

三、信息生产控制的制度安排：上市公司信息披露制度

证券市场针对信息分布不对称的客观难题会给出一些自发性的解决方案，包括自愿披露信息、声誉机制的控制以及信息甄别机制的检验，但这些方案依然无法使其摆脱失灵困境。持续性的市场失灵不但会造成社会资源浪费[1]，甚至产生新的信息不对称[2]或信息供给不足[3]。为了弥补这些市场缺陷，政府对市场信息运行机制的干预就必不可少。但证券市场究竟是属于"私人交易"的领域，投资者与证券发行人之间的关系格局并不等同于公民与国家。政府干预的边界仅在于维持真实的证券信息能够在市场中实现供给平衡并产生效率，因此，强制赋予证券发行人以信息披露义务或激发其自愿披露信息的动机，成为政府干预的基本路径。这种干预方法经过法律形式的确认，形成了上市公司信息披露法律制度。

按照法律制度的普遍释义，上市公司信息披露制度是调整市场主体在信息披露过程中发生各种关系的法律规范体系，包括纵横两种关

---

[1] 就信息甄别机制的检验方式而言，对投资者个人来说是符合成本—效益原则的，否则就不会产生信息搜寻行为。但多个投资者个人所搜寻的信息很大一部分可能是重复搜寻的同质信息，从整个社会来看实际是社会资源的巨大浪费。

[2] 研究发现信息搜寻具有规模效应，即随着信息规模的增加，单位规模内信息搜寻成本会下降，而单位规模的信息收益不变，其结果是信息规模收益不断增加。这样证券市场上资金规模较大的信息搜寻者就可以凭借规模优势获得信息规模收益，而中小投资者因其资金规模有限，实力较小，信息劣势更加明显，由此很可能产生新的信息不对称问题。

[3] 理论上，自愿性信息披露虽然会在一定程度上缓解信息不对称，但信息供给可能依然不足。原因有三：（1）证券信息具有公共物品的属性。搭便车的信息消费者无须为信息付费，而信息供给方也无法将信息生产成本转嫁给这部分信息消费者，因此在信息供给方面激励不足。（2）自愿性信息披露会因时间和内容而导致外部效应。前者是指因同类企业披露时间先后有别而引发，率先披露的企业往往会引起股价变动，而后披露的同类企业发布的类似信息所引发的股价变动则会小很多。后者是因为后披露的企业可以根据先披露企业所披露的信息做出决策调整所引发，先披露企业往往担心因披露核心信息而可能会在同行竞争中处于劣势，这些都使信息供给方在信息披露方面披露不足。（3）诉讼成本。自愿披露的信息越多，出现差错的可能性也会提高，投资者若因披露的错误信息而蒙受损失，则披露信息的公司将面临法律诉讼。

系的统一：横向来看，它是信息初始供给者（证券发行人、上市公司）与信息验证者（证券中介机构）向投资者、监管机构等信息使用人披露相关证券信息而形成的服务关系[①]；纵向来看，它是政府监管机构对市场主体的信息披露行为进行监督管理而形成的管理关系[②]。这些法律关系都是直接或间接围绕着证券信息而发生的。在《辞海》中，"信息"被解释为"音讯、消息……通过处理和分析来取得"。可见，信息并非凭空产生，它必须要经过一定的生产、加工过程。根据生产内容的不同，信息生产大体可以分为"事件信息生产"和"交易信息生产"两个集合。前者侧重于原始信息的产出以及对此进行加工、扩散形成派生性信息；后者是为交易双方提供的揭示信息，侧重于市场微观结构层次。[③] 笔者认为，于证券信息这种商品而言，上市公司信息披露法律规范可以被视为一套为组织上市公司信息生产、验证、流通而制定的技术指引和管理规范，这些规范体系包括信息商品生产的质量标准、验证过程、流通载体，以及违反各个环节规范要求所应承担的责任等方方面面。从这一角度来解读上市公司信息披露法律制度进行将有助于我们解构其价值取向及价值实现的路径，从而提供更有针对性的制度保障。

（一）信息生产的质量标准

作为信息生产的技术指引和管理规范，首先需要明确信息商品生产的质量标准，由此各国都规定了信息披露基本原则作为信息生产所应达到的最低质量标准。这些原则也是化解信息供给者与信息使用者之间以及不同信息使用者之间就信息商品质量判断产生分歧的有效工

[①] 证券市场内的中介机构包括承销机构、会计师事务所、律师事务所、证券投资咨询顾问、证券信用评级机构等，他们在对发行人或上市公司提供的初始证券信息进行收集、加工、验证以后，可能会形成新的证券信息并成为投资者决策使用的重要信息，因此在某种意义上，证券市场的中介机构既是证券信息的使用者，也是证券信息的提供者。

[②] 参见谭立：《证券信息披露法理论研究》，中国检察出版社2009年版，第62、88页。

[③] 张宗新：《信息生产、市场透明度与投资者保护》，《社会科学辑刊》2006年第2期。

具,更是信息披露监管和责任规制的基本依据。信息披露基本原则的确立有赖于三个基础:一是信息披露的价值取向;二是信息供求双方的理解识别能力;三是信息传播技术水平。真实性、准确性、完整性、及时性和公平性是目前多数国家立法确认的基本原则。除此以外,信息披露的有用性、系统性和易得性也逐渐成为实践认定的规范标准。

(1)有用性是指公开披露的信息能够成为投资者决策的重要依据。具体又包括易解性、相关性和可比性三个方面:第一,易解性。即公开披露的信息要保证为信息使用者所理解和接受,这要求披露信息的陈述方式和术语表达尽量浅显易懂,避免刻意使用冗长句式或专业术语。第二,相关性。即所披露的信息能对投资者决策产生一定影响或按照会计标准能够被合理纳入公司财务报告,不要利用信息轰炸来迷惑投资者。第三,可比性。即同一公司在不同报告期内所披露的信息具有连贯性和可比性,以便于投资者进行对照分析。[①](2)系统性是指同一批次披露的信息之间具有系统化的联系,以及同一批次披露的信息是经过整合以后,具有逻辑层次地展示出来的。(3)易得性是指在当前信息披露渠道多元化的背景下,公开披露的信息要容易被所有投资者获取。

(二)信息生产的验证机制

市场交易的基本经验告诉我们,"王婆卖瓜"式的销售方式效果欠佳,而经第三方验证并获认可的商品有助于提高产品质量并占有更高的市场份额。所以在这套信息生产管理规范中,专门引入承销商、会计师、律师等外部专业的市场中介机构对发行人和上市公司提供的信息商品进行核查、验证,并以自己的名义出具验证意见,以确保信息质量。换个角度看,某种程度上第三方中介机构是以自身信誉为信息商

---

① 参见上海证券交易所研究中心报告:《中国公司治理报告(2008):上市公司透明度与信息披露》,2008年7月发布,http://www.sse.com.cn/researchpublications/special/c/special20081120.pdf,最后访问时间2018年10月23日。

品的品质提供担保。验证某些复杂信息时，中介机构还会使用专业理论和分析技术将信息进行重新加工、整合后向外传播。尽管在此过程中中介机构也会收集、整理大量的信息资料，但这些都是为了验证真伪而做的辅助工作，而非直接提供信息。从这个意义上说，对这些中介机构在市场准入、资质管理、治理结构、内部控制、业务规则、责任追究等方面的众多规范准则，如《证券公司管理办法》《律师事务所证券法律业务执业规则》等也可以理解为上市公司信息生产规范的一部分。①

（三）信息传播的载体形式

信息生产规范化的意义不仅在于保障信息商品质量达标，还需规定统一的传播载体或形式以使不同信息供给者提供的信息商品具有可比性。因此，信息披露法律规范要求在不同的信息生产、传播阶段以统一的法定形式做成规范文件。在证券发行、上市阶段就所发行的证券及发行人自身情况进行的披露为初始信息披露，在证券上市以后的交易期间内披露信息为持续性信息披露。

初始信息披露的法定形式包括招股说明书（prospectus）和上市公告书（public announcements）。前者是股票发行人向社会公众公开发行股票时，按照法定格式、内容和程序向社会公众公开相关信息，并邀请公众认购公司股票的规范性文件。②如果公司公开发行的是债券，

---

① 陈实：《证券市场的信息生产制度——一个品质考核的理论进路》，《北京大学学报（哲学社会科学版）》2011年第5期。
② "招股说明书"是证券发行中最重要的信息披露文件，各国证券市场中都要求公开披露招股说明书，且内容大体相同。主要包括本次发行概况（如与拟发行证券的有关期权、本次发行的股票数量、发行收入的使用计划）、发行人基本情况、公司治理情况（如公司组织体系、高管薪酬、关联交易）、财务会计报告、管理层讨论与分析、风险提示（如市场风险、业务经营风险、技术风险）等。参见美国1933年《证券法》第7节；欧洲议会与欧盟理事会2003/71/EC号指令第7、8条；我国《公开发行证券的公司信息披露内容与格式准则第28号——创业板公司招股说明书》（证监会公告〔2014〕28号）、《公开发行证券的公司信息披露内容与格式准则第1号——招股说明书》（证监发行字〔2006〕5号）等。

或上市公司首次发行股票之后的配股、增发新股、发行可转换公司债券等，则所制成的法定披露文件均为"募集说明书"。[①] 募集说明书的主要内容和性质与招股说明书相似。后者是证券发行申请获准发行后，已发行的证券如果要进入二级市场进行交易，则需按照拟上市证券交易所的相关规定向其提交法定文件。[②] 考虑到公司一般在其招股说明书或募集说明书的有效期内将其证券挂牌上市，上市公告书中需要披露的信息较招股说明书来说更为简化。

持续性信息披露包括定期信息披露和临时性信息披露。定期信息披露是上市公司对某一特定期间内的经营水平和财务状况的总结性披露，其法定形式一般包括年度报告和中期报告，其中中期报告通常是半年报告，也可能是季度报告甚至月度报告。[③] 不同国家或证券市场对定期信息披露的频率即报告间隔期的规定不尽相同，通常创业板的报告频率高于主板。从披露的信息含量来看，年报内容最全面，其次是半年报，季报较为简略，月报的内容最少。从披露的时限来看，年报

[①] 2006年以前，在我国境内公开发行股票应公开招股说明书，但自2006年5月以后，中国证监会将上市公司首次发行股票之后的配股、增发新股、发行可转换公司债券等有关募集资金的公开说明书合并在一起规范，统称为"募集说明书"。并发布了《公开发行证券的公司信息披露内容与格式准则第11号——上市公司公开发行证券募集说明书》（证监发行字〔2006〕2号）以取代原《公开发行证券的公司信息披露内容与格式准则第11号——上市公司新股招股说明书》和《公开发行证券的公司信息披露内容与格式准则第13号——可转换公司债券募集说明书》（证监发行字〔2003〕28号）两项准则。

[②] 考虑到公司一般在其招股说明书或募集说明书的有效期内将其证券挂牌上市，上市公告书与招股说明书中所记载的内容相似，包括重要声明和提示、股票上市相关情况、发行人基本情况、股东和实际控制人、股票发行情况、财务会计数据以及其他重要情况，还需要披露上市保荐人基本情况及其保荐意见。但为了避免重复披露、减轻上市公司负担，上市公告书中的信息披露要求较简化。

[③] 与年报相比，各国证券市场在中期报告的形式要求上差异较大，有的市场仅为半年度报告（如法兰克福证券交易所的一般市场和初级市场、伦敦证券交易所的主板市场和AIM市场、香港证券交易所的主板市场），有的市场仅为季报（如香港证券交易所的创业板市场），有的市场既要求半年报又要求季报（如法兰克福证券交易所的高级市场、纽约交易所的主板市场和收购的新市场）。中期报告披露频率最紧密的是台湾柜台买卖市场，该市场要求披露的中期报告包括半年报、季报，还有每月10日前披露月报。

一般在90天至180天之间，半年报为60天到120天之间，季报为30天到60天之间，月报为10天左右。

临时性信息披露报告是对定期披露报告的重要补充，针对公司运作当中突发对股票价格影响较大而投资人尚未得知的重大事件进行披露。披露没有固定时间，究竟在何时进行披露主要根据"重大性"和"及时性"两项标准来判定。根据临时性信息披露内容的不同可以分为公司收购公告和重大事件公告。① 前者是指投资者作为收购人通过购买、投资、要约收购、协议收购等方式取得上市公司股份达到法定标准时依法向证券监管机关、证交所及社会公众公开收购情况、权益变化或收购计划等信息。世界各国监管机关都会重点关注上述公司收购信息的公开披露，因为目标公司可能会因为被收购而丧失经营权，而目标公司股东在收到收购要约以后，必须决定是否出售自己所持股票，如果没有及时出售，在收购成功后自己会成为合并以后公司的股东，而其权益也可能发生重大变化。后者是指除公司收购事件以外的一般意义上的，可能对上市公司证券交易价格或投资者决策产生较大影响，而投资者尚未得知的重大事件。虽然各国对重大事件的界定标准不尽相同，但无一例外地都要求及时发布重大事件公告。②

（四）证券信息生产、披露的规范体系

从信息商品生产的质量标准，到验证机制，再到传播载体，这些技术指引和管理规范层层递进，丝丝相扣，构成了一套完整的信息披

---

① 实际上，公司收购属于报告期发生重大事件的一种类型，由于其具有高度技术性、复杂性和广泛影响性，各国均将其从一般重大事件中独立出来而作为一个单独类型进行重点管理和规范。

② 关于重大事件公告，我国《证券法》第67条、《股票发行与交易暂行管理条例》第60条、《上市公司信息披露管理办法》第30条均对重大事件公告做出了原则性规定，即发生可能对上市公司证券及其衍生品种交易价格产生重大影响的事件，而投资者尚未得知时，上市公司应立即向证监会和证券交易所提交临时报告，并予以公告，说明事件实质。我国目前关于重大事件公告的类型扩充至21种，其内容和格式主要由2015年1月上海证券交易所最新发布的《上市公司日常信息披露工作备忘录第1号——临时公告格式指引》予以规范。

露规范体系。在规范体系内，依照效力层级可划分为三到四个层次。美国的信息披露规范体系可分为三个层次：基本法律、美国证券交易委员会（United States Securities and Exchange Commission，以下简称SEC）颁布的条例以及证券交易所颁布的各种自律规则。[①] 我国信息披露规范体系自20世纪90年代起开始建立，既充分吸收美国等先进国家的成熟经验，又结合我国实际需要，发展至今二十余年，建立了包括基本法律、行政法规、部门规章和自律规则四个层次的规范体系，这些规范渊源从原则性规范到操作性规范，逐步细化到位。

1. 原则性规范

原则性规范包括基本法律和行政法规，以《证券法》和《公司法》为主，还包括《会计法》《审计法》《股票发行与暂行条例》等，这些法律法规对上市公司信息披露的基本原则、披露内容、载体形式、披露义务人以及第三方中介机构在信息披露中的角色分工进行了原则性规定，是监管部门制定具体操作性规范的参照基础。

2. 操作性规范

除法律法规以外，我国信息披露的主要依据是证监会制定的部门规章和沪深两市交易所制定的自律规范。其中，部门规章以《上市公司信息披露管理办法》为统率，此外还包括《上市公司证券发行管理办法》《上市公司治理准则》等规章中的信息披露规定。此外，为了使信息披露实践更加有据可依，证监会还进一步制定了为数众多的三级操作性技术指引：一级技术指引为《内容与格式准则》（《公开

[①] 第一层次的基本法律由美国国会颁布，主要包括1933年《证券法》（从静态角度确立了初始信息披露制度）、1934年《证券交易法》（从动态角度确立了持续性信息披露制度）、2002年《萨班斯—奥克斯利法案》（直接以投资者利益保护和提高公司透明度为立法宗旨对信息披露提出了更高要求，增加了对内部控制报告及其评价和重大表外交易的披露，强化了关联交易的披露以及高级管理人员在信息披露中的责任）。第二层次的SEC条例主要包括《S-X条例》（规定财务信息披露的内容与格式）、《S-K条例》（规定非财务信息披露的内容与格式）、《财务报告公告》、《会计与审计实施公告》。第三层次是由各大交易所针对在本所内上市公司的持续性信息披露内容和格式制定的操作性规范。

发行证券的公司信息披露内容与格式准则》1—37号），其根据招股说明书、年报、季报等证券发行与交易过程中主要信息披露类型的内容与格式进行设计，信息披露义务人可以以此作为参照模板制作披露文件。二级技术指引为《编报规则》（如《公开发行证券的公司信息披露编报规则》1—7号），主要是将《内容与格式准则》在一些特殊行业、特殊事项中的具体运用进行规范，常见的有针对银行、保险公司、证券公司、房地产公司等特殊行业的招股说明书、财务报表附注等做出特别规定；对撰写法律意见书、补充审计、更正财务信息等事项做出具体规定。三级技术指引为《规范问答》（如《公开发行证券的公司信息披露规范问答》1—7号），是证监会针对日常监管所普遍面临的问题进行指导性解答，经过整理后正式以法规解释文件的形式进行公布。

除此以外，证监会曾在2002年前后设想建立四级技术指引也即"个案意见与案例分析"[①]，通过对证监会和交易所查处的信息披露违规案件加以整理，并以适当的方式将违规的具体事实、相关人员的责任规制、处罚决定的具体依据等予以公布；或者将那些信息披露历史记录较好的上市公司公开列为参照范例，既可以将反面案例钉上历史，又可以防止正面案例出现变脸。但因于难以找到很好的案例，所以迄今为止这一设想尚未实现。

第二节　上市公司信息披露制度的价值取向

主体与客体的分化促成价值观念的出现，价值是反映客体满足于

[①] 参见《中国证券监督管理委员会关于印发〈关于完善公开发行证券公司信息披露规范的意见〉的通知》（2000年12月23日发布）。

主体的一种关系属性。① 而法律作为一种客体，通过调整机制、保护机制和程序机制对社会和个人需求的反映和满足即形成了法律价值。② 美国著名社会法学家罗斯科·庞德（Roscoe Pound）先生曾指出："在每一种场合，人们都使各种价值准则适应当时的法学任务，并使它们符合一定时点的社会理想。"③ 因此，任何法律都反映着一种主体的价值追求，是主体追求价值的保障工具，是价值需求的规范形式。价值也正是因为取得了法律这一表现形式才变得现实且具有操作性④，所产生的法律价值既是通过立法所欲达到的目的或追求的社会效果，也是法律原则和法律规范的上位渊源。公平与效率是人类经济生活的基本需求，也是任何经济伦理的道德价值尺度或标准⑤，因此属于商事法律规范的基本价值。同理，作为证券市场运行基石的上市公司信息披露制度也蕴含着这两种价值取向，但基于证券市场和信息产品的特殊性，公平价值与效率价值在信息披露制度中有着更为具象的内涵和外延。接下来本书将在法律与经济的语义背景下考察两种法律价值在上市公司信息披露制度中的内涵，并密切关注它们之间的对立统一关系。

一、上市公司信息披露制度中的公平价值

公平一词在不同时代背景下、不同研究领域中具有不同含义。其

---

① 由于价值问题本身的相对性和表现上的复杂性，实际上至今也没有关于价值的统一定义，主流观点中存在着"实体说""固有属性说"和"关系说"。这几种学说实际上在价值的主客观性之间徘徊，具体来说，"实体说"把价值理解为实体，包括唯客体论的实体说和唯主体论的实体说。前者把价值等同于客体，忽略主体在价值创造中的作用，后者则把价值等同于人的主观认知评价。"固有属性说"把价值视为客体本身的固有属性，而"关系说"认为价值是主客体相互作用的产物。相对来说，将价值置于关系范畴的"关系说"得到学界的较多认同。
② 参见陈兴良：《刑法的价值构造》，中国人民大学出版社1998年版，第36页。
③ 庞德：《通过法律的社会控制、法律的任务》，商务印书馆1984年版，第55页。
④ 谢晖：《价值法律化与法律价值化》，《法律科学》1993年第4期。
⑤ 所谓"经济伦理"是一种人类社会实践中某一特殊类型的道德伦理问题，其所关注的首先是人类经济活动本身的道德基础、道德规范、道德秩序和道德意义问题，其次才是为人们寻求各种合理有效的经济伦理策略或决策提供必要的伦理咨询或伦理参考，最终为人类及其社会的经济生活或行为达于既正当合理，又合法有效的状态，提供独特而具体的伦理价值解释。

内含"正义"的精髓,因而似乎也有一张变化无常的脸。有学者指出,从公平诉求的表现形式来讲,人类对公平价值的追求基本经历了结果公平、机会公平和制度公平三个阶段。① 在人类社会蒙昧发展的早期,人们对有限物质资源的分配遵循"平均化的结果处理"②,但这种分配方式并不符合人类社会的运作机制和发展规律。后来,西方社会经典的"契约论"思想提出了"机会平等",要求社会为人们公平开放各种选择机会。③ 但是,这种状态的实现前提是每个人都是独立自治的主体,且具备同样的能力能够准确进行选择,而这一前提本身可能并不真正契合社会现实生活的内在要求,因此对公平的研究视角又转向"制度公平"。制度公平回答了如何能够建立一个机会公平的开放制度。这种努力尝试集中体现于罗尔斯的"社会正义"思想之中。④ 在此基础上,罗尔斯构建了两个原则:机会均等原则和差异原则。我国著名法理学教授张文显先生曾指出:"机会均等原则要求越出形式的机会均等,以保证具有相似技能、力量和动机的人享有平等的机会。"⑤ 本书接下来的探讨也正是在这一意义上的延伸。

进一步讲,平等是指某种资源(如自然资源、生产资源、信息资源、权力资源等)获取和分配过程中的平衡与对称状态。据此,信息披露制度本身就是公平价值作用于信息资源分配的重要产物。但就整个证券交易过程而言,最终需要强调利益分配的公正性与秩序

---

① 参见杨清望:《和谐:法律公平价值的时代内涵》,《法学论坛》2006年第6期。
② 在我国社会历史的发展中,结果上的公平观源远流长。比如洪秀全"务使天下共享,有田同耕,有饭同食,有衣同穿,有钱同使,无处不均匀,无人不饱暖"的观念曾是无数革命人士的政治抱负。康有为在《大同书》中提出建立"人人相亲,人人公平,天下为公"的和绝对公平的"桃花源"似的理想社会更是千百年来政治家的社会理想。
③ 张文显:《二十世纪西方法哲学思潮研究》,法律出版社2006年版,第592页。
④ 罗尔斯的社会正义思想建立在人们不知道自己在社会中的地位的基础上,所以每个人都面临着社会交往中的种种风险和不确定性,这一特点造就了每个人的公平观念和正义原则。参见张文显:《二十世纪西方法哲学思潮研究》,法律出版社2006年版,第592页。
⑤ 张文显:《二十世纪西方法哲学思潮研究》,法律出版社2006年版,第156页。

性①，这种利益分配问题不仅存在于融资者（信息供给者）与投资者（信息需求者）之间，还存在于不同融资者之间，以及不同投资者之间。因此，一方面，由非物质性的信息派生出依附性、可处理性、可分割性、实效性、隐蔽性以及真伪性等特点，信息供给者与信息需求主体之间的信息交流和信息传递在信息数量、信息质量和信息时效这三个维度中的识别困难应当被关注。另一方面，不同信息供给者之间以及不同信息需求者之间利益公平的达成也应当被关注。综合这些，笔者认为"公平"价值在信息披露制度中应当包含以下四个逐层递进的含义。

（一）信息在供给者与需求者之间分布均衡

证券买卖双方分别是证券市场上的主要信息需求者和信息供给者。虽然投资者在购买证券以后成为上市公司的股东，但分散的股权导致"所有权与控制权"处于相互分离的事实状态②，公司控制权掌握在少数控股股东或管理层手中，中小投资者演变为单纯的资金提供者。也因此，有学者指出，伴随上市公司中小投资者从"债权人"向"股东"再到"投资者"的身份演变过程，强制信息披露制度才逐步建立起来。③ 在19世纪以前的漫长历史中，市场上的流通证券数量较少，证券买卖和纠纷的解决都依赖于《合同法》的制度供给，投资者和发行证券的公司被视为具有平等地位的市场主体，基于私法自治的理念，他们之间仅存在类似于债权债务的关系，在"买者自慎"的理念之下，

---

① 有学者指出，证券法上的公平是指：法律上重视主体资格的平等性，符合主体权利平等、地位平等之正义观念；在经济上体现分配正义，强调利益分配的公正性与秩序性。参见钟付和：《证券法的公平与效率及其均衡与整合——兼论我国证券法之立法连续性不足》，《法律科学（西北政法大学学报）》2000年第6期。

② 20世纪30年代，伯利和米恩斯在《现代公司与私有财产》一书中提出了"所有权与经营权分离"命题，此后两权分离成为公司治理结构的经典表述。

③ 参见程茂军、徐聪：《投资者导向信息披露制度的法理与逻辑》，《证券市场导报》2015年第11期。

公司仅仅是为了促进证券销售或应买方要求提供有限的信息，公司并无主动披露信息的义务。[①]至19世纪中至20世纪初，股份制的公司大量出现，直接带动了证券市场上的股份发行和交易数量，以《公司法》为主的规制模式也逐渐形成。具有人身和财产双重属性的股权彰显了作为"股东"身份的投资者所享有的权利，在市场自治的基础上，这一时期的股份公司在自律监管模式下以自愿性信息披露为主。20世纪以后，随着公司融资需求的增加，证券交易由分散化向集中化快速演进。在一对多、多对多的大规模集中公开交易模式下，证券价值由各种信息决定的现实动因，又源于证券市场形成后需要规范的市场主体、市场行为的多样化复杂化，只有通过信息披露促成一种主体间的制衡机制才能保证证券市场的有效运转。[②]公众型公司的"投资者"与封闭型公司的"股东"逐渐分化，"投资者"的投资属性进一步得到强化，以美国为代表的主要资本市场领域内开始推行强监管的政策，此后，强制性信息披露才登上历史的舞台。

"投资者"身份的强化有助于我们意识到其与公司在事实上存在的不平等状态，他们之间存在事实上的信义关系。[③]投资者的投资蕴含着对上市公司及其管理层的信赖，投资者在信息占有中处于劣势地位，为了确保其知情权等证券权利的公平实现，法律强制上市公司及其管理层从其占有的全部信息中提取对投资者决策有用的那部

[①] Stuart Banner, *Anglo-American Securities Regulation: Cultural and Political Roots*, Cambridge University Press, 2002, p. 243.

[②] 程茂军、徐聪：《投资者导向信息披露制度的法理与逻辑》，《证券市场导报》2015年第11期。

[③] 信义理论是英美衡平法的灵魂和核心，也是英美法系权利义务体系构成的理论基石。根据信义理论的基本原理，之所以对某人苛以信义义务，是因为其处于一种特殊的情形和特别的关系之中。最早源于罗马法上的"信托遗嘱"制度，后经过英美判例法和大陆法系成文法的发展，逐渐向公司法和证券法扩展。一般认为，确认信义关系的三个标准：（1）存在信赖；（2）存在承诺或保证；（3）脆弱性标准。依据该三个标准检视证券市场主体之间的关系，可以认为证券发行人与投资者之间、公司管理层与投资者之间、控股股东与投资者之间存在信义关系。

分信息，并以真实、完整、准确的质量标准及时公开披露，以拨正信息分布不均的偏差状态。这也是强制性信息披露义务确立的理论依据之一。

（二）信息需求者之间具有公平获取信息的机会

信息不仅要在供给者和需求者之间均衡分布，还需保证不同信息需求者在获取信息过程中具有相同起点和平等资格。事实上，以往我们的公司法律制度的设计更多是从股东"同质化"的角度出发而忽略了股东在利益、目的和能力等方面"异质化"的特性。事实上，股东的身份差异与股东的投资组合差异也会使股东间的利益产生分歧[①]，股东在缔约能力、判断能力、信息搜集能力、参与公司治理的能力上也存在显著差异。因此，如同法律公平也要在"形式公平"下追求"实质公平"一样，信息需求主体不因收入、经验、组织结构的不同而受到不公平待遇，这也是信息披露公平原则的主要意旨。

（三）信息的使用价值在信息需求者之间公平实现

即使上述两种"公平"均得以顺利实现，即发行人或上市公司向投资者免费提供信息，并且所有投资者可以在同一时间内获取信息，但碍于信息商品使用价值实现具有相对性的客观特征，不同信息需求者从中获取的信息利益未必相同。对一些投资者来说，信息可能太多也可能太少。太多的可能是无用信息，而太少的可能是有用信息。存在差异的根本原因在于不同投资者所付出的"时间成本"与其"劳动

[①] 关于股东利益非同质的论述，参见 Matthew T. Bodie, "Workers, Information, and Corporate Combinations: The Case for Nonbinding Employee Referenda in Transformative Transactions", *Washington University Law Review*, vol. 85, no. 4, 2007. Grant Hayden, Jordan M. Barry, John W. Hatfield, Scott D. Kominers, "On Derivatives Markets and Social Welfare: A Theory of Empty Voting and Hidden Ownership", *Virginia Law Review*, vol. 99, no. 6, 2013。

能力"（对于信息的理解、分析和使用能力）有所不同。其中，"时间成本"的付出比重是投资者自身可以调整控制的，但"劳动能力"的高低多半由投资者自身知识结构、经验积累、技术掌握等客观原因所致。在现实市场的投资群体构成结构中，机构投资者往往是高技能的"劳动者"，而"劳动能力低下者"往往是市场中的普通投资者。在这种情况下，即使无法提供一种制度安排来提升公众投资的"劳动能力"，但至少应当保证不同类型的信息需求主体能够"各取所需"和"所需能取"。①

（四）披露信息所产生的效益在信息供给者之间公平实现

上述三个层面分析的视角都是基于信息需求者的角度。但信息供给者是提供信息的源头，作为市场经济人的他们也会从信息披露成本付出和预期收益中衡量自己是否被予以公平对待，如果发现与自己付出相同披露成本的市场主体能够预期获得比自己更多的收益，则其披露信息的内在动机将被削弱，最终会对需求者的信息获取产生阻碍因素。因此，不同信息供给者的公平诉求也应当被关注。一般来讲，信息披露的成本包括有形成本和无形成本两个方面。但这种披露成本具有递减效应，即随着信息披露规模的增加，单位规模内信息披露的成本会下降。这样，融资规模较大的发行人相对于小规模的发行人在信息披露成本一样的情况下就获得了相对优势，小规模的发行人就会感到不公。而扭转这种局面则需要通过相应的制度安排降低小规模发行人的信息披露成本。

综上分析可以看到，前面两层公平含义的指向为形式公平，即强调对所有信息供求主体公平适用统一规范；后面两层公平的含义则指向实质公平，即以个体差异的本质为衡量基础，强调资源再分配的过

---

① 参见蒋永福、刘鑫：《论信息公平》，《图书与情报》2005年第6期。

程公平,并注入起到激励作用的效率元素。

二、上市公司信息披露制度中的效率价值

效率是经济学研究中的核心问题。其基本内容是"投入与产出"或"成本与收益"之间的均衡关系①,即以给定单位的成本投入来赢得最大产出,或在获取同样收益的同时消耗最少成本②。而法律在将效率作为基本价值取向的同时也会以经济分析的方法来界定效率价值的内涵。③ 经济分析法学④认为,法律的宗旨是以实现价值最大化为目标对有限的社会资源进行合理配置。而效率价值对于法律制度的安排具有两个重要影响:其一,国家运用法律手段来干预经济生活的依据应当是效率,换言之,政府干预所取得的收益是否会大于成本付出;其二,确定保护权利所实施的方法也应当是效率。⑤

成本效益的分析方法有助于认知信息披露的供需动因。其首先将

---

① 这里的"产出"或"收益",并非指任何物品,而是能够满足人类需求的所有有用物。从经济的角度看,最终的产出就是人们的满足即效用。而"投入"或"成本",从一般的意义上讲,就是利用技术生产一定产品所需的生产资源,包括劳动力和物质资源。因此,所谓"效率"在最一般的意义上指的就是现有生产资源与它们所提供的人类满足之间的对比关系。参见钱弘道:《经济分析法学的几个基本概念阐释》,《同济大学学报(社会科学版)》2005年第2期。

② 参见道格拉斯·C. 诺思:《经济史上的结构和变革》,厉以平译,商务印书馆1992年版,第24页。

③ 也有学者持不同观点,如我国民法学者徐国栋教授指出:"效率是指司法审判活动中时间的节约。"参见徐国栋:《民法基本原则解释》,中国政法大学出版社1992年版,第328—329页。笔者认为,这种分析侧重于法的内容对司法程序及成本与支出的角度考虑,或者做更广泛的解释,即法律制度本身的投入产出效率,包括法律的制定、执行、司法与守法过程中成本与收益的关系。这种分析具有一定的合理性,但是不能全面揭示法的"效率"之价值取向,仅把效率囿于法律技术本身,而忽视了法律规则对资源配置效率的影响作用。

④ 经济分析法学是20世纪60年代以来在美国兴起的一种法学流派,它主张将经济学特别是微观经济学的理论、观点和方法引入法学研究中,以效益最大化原则为标准,分析和评价法律制度及其效果,并进而改进法律制度本身。该学派的代表人物有理查德·A.波斯纳(Richard Allen Posner)等。

⑤ 参见钱弘道:《经济分析法学的几个基本概念阐释》,《同济大学学报(社会科学版)》2005年第2期。

"信息"内化为供给者的"资产"[①],于上市公司而言,降低融资成本是其提供信息的根本动因;于投资者而言,对于信息的需求源于降低交易风险。信息披露在交易双方的博弈中已经内化为融资成本。在上市公司信息披露法律制度中,效率内含两层意义:其一,确保制度本身的效率,即信息披露制度能够促进整个市场效率的提高;其二,如果具有促进作用,那么如何通过制度的设计来使资本在市场主体之间优化配置,或促成他们各自收益的最大化?

(一)信息披露制度与有效资本市场理论

虽然上市公司信息披露制度已然可以从"信息不对称理论"和"信息公共产品理论"中得到正当性解释,但"有效资本市场理论"对信息披露制度的合理性证成具有不可忽视的强化作用。有效资本市场(efficient market)的概念最早由尤金·法玛(Eugene F. Fama)教授在1965年发表的《股市价格行为》一文中提出:"如果市场中所有可以获得或可以利用的证券信息能够全部反映于证券价格之中,这样的市场就是有效市场。"[②] 据此推知,证券市场效率的判断标准是证券价格是否随证券信息的披露而充分变动,也即证券信息的定价效率。[③] 这种信息定价效率减少了证券价格的偏离幅度,而减少的市场价格波动性将

[①] 美国芝加哥大学本-沙哈尔(Ben-Shahar)教授和密歇根大学卡尔·E. 舍德(Carl E. Schneider)教授曾撰文指出,现有研究和实践总是习惯性地高估信息披露效益,而信息披露的成本却总是能回避严格而精确的成本效益分析,因此应当通过成本收益之间的结构性改造来提高信息质量,促进融资便捷。参见 Omri Ben-Shahar and Carl E. Schneider, "The Futility of Cost-Benefit Analysis in Financial Disclosure Regulation", *Journal of Legal Studies*, vol. 43, no. 2, 2014。

[②] Eugene F. Fama, "The Behavior of Stock Market Prices", *Journal of Business*, vol. 38, no. 1, 1965. 此外,尤金·法玛教授定义了与证券价格相关的三种类型的信息:(1)历史信息,即基于证券交易的有关历史资料,如历史股价、成交量等;(2)公开信息,即一切可公开获得的有关公司财务及其发展前景等方面的信息;(3)内部信息,即只有内部发行人员才能获得的有关信息。这种分类对后来的信息披露理论研究和立法规范具有重要的借鉴意义。

[③] 唐震斌:《有效市场理论与我国证券市场的有效性研究》,《河南金融管理干部学院学报》2006年第3期。

会增进社会整体资源的分配效率。①

理想模型中的有效证券市场建立在四个基础前提之上：其一，市场中存在自由而充分的竞争。即发行人通过公平竞争来占有市场资金，投资者也有诸多投资选择并倾向于寻找在既定风险水平上能够提供最高回报率的证券产品。其二，信息供给能够将信息顺利传播给信息需求者而不受阻碍，进言之，即所有的信息需求者在特定时间内所掌握的信息数量与质量是相同的。其三，信息需求者获取信息是无偿的。其四，所有信息需求者对相同信息的理解基本一致，或对同一信息做出的反应相同或相似。②

但现实的证券市场受到政治、经济环境等各种因素之影响，其运作效率有所区别。在有效市场理论之基础上，芝加哥大学的另一位学者哈里·罗伯茨（Harry Roberts）教授提出了与不同信息传递效果相对应的三种市场效率状态：弱式有效市场（Weak Form Efficiency）、半强式有效市场（Semi-Strong Form Efficiency）和强式有效市场（Strong Form Efficiency）。如果股票价格和市场交易量不包含任何对预测未来股价变动有用的信息，则证券市场为弱式有效市场；如果关于发行人及其证券的历史信息以及所有关于未来前景的公开信息（包括盈利报告、项目前景等）都能迅速反映在股票价格和成交量当中，则证券市场是半强式有效市场；如果市场价格和成交量不仅反映了所有已公开的信息，甚至还能够反映只有少数人知道的内幕信息，则这样的市场为强式有效市场。综合来看，也可以认为证券价格反映的信息量越大，反映速度越快、越准确，则市场越有效，信息反映的速度、范围与市场效率形成了对应关系。

回到信息披露法律制度来看，不同效率水平的市场需要监管机关

---

① Joel Seligman, "The Historical Need For a Mandatory Corporate Disclosure System", *Journal of Corporation Law*, vol. 9, no. 1, 1983.

② 参见谭立：《证券信息披露法理论研究》，中国检察出版社2009年版，第26—27页。

施以不同的监管强度。无论是在一级发行市场还是二级交易市场，一些相关信息在披露、传送、解析和反馈过程中发生的各种问题都可能导致市场效率下降，但披露环节是全部问题的根源，也是关键。如果在证券发行与交易过程中没有充分披露相关信息或进行虚假披露，则投资者做出的任何购买或出售证券的决策都不会是一个有效决策，因此也无法形成合理、客观的证券需求。而在此基础上所产生的证券价格也无法客观地反映其投资价值，实际资本的运作状态更无法真正体现于证券价格的变化之中。

综上所述，证券价格充分反映证券信息是有效证券市场的标志，也即，只有与投资者决策的所有信息被真实披露，投资者才有可能准确把握证券产品的投资价值，并在此基础上做出理性决策，此时市场对于证券产品需求的反映才是客观真实的，并进而形成符合资本实际运作状态的证券价格。那么提高市场效率的关键在于——解决信息在披露、传送、解析以及反馈等各个环节可能出现的种种问题。从这个角度讲，上市公司信息披露制度是建立和发展有效资本市场的基础和起点。

（二）信息披露制度中的监管成本与收益

上市公司信息披露监管是政府证券监管机构和市场自律组织通过制定信息披露规范、审核信息披露文件、进行日常监督和调查处罚等手段对上市公司的信息披露行为进行规范、约束和引导，是证券市场监管的重要支持。在有关监管行为的各种研究理论中，监管经济学的研究径路较为特殊。[1] 该学说认为，"监管只是政治家借以向某些利益

---

[1] 西方关于监管的经济学研究前后经历了三个发展阶段：（1）在20世纪50年代以前，关于政府监管的主流研究理论为"公共利益论"，该理论认为代表公共利益的政府可以通过监管手段来弥补市场失灵。（2）20世纪50年代以后，研究指出市场失灵只是监管的必要条件，而监管的充分条件必须证明与非监管手段相比，监管是最有效的制度选择。自此，监管效率开始进入学者思考的范畴。（3）在对监管效率的思考中，经济学家发现，要真正深入研究监管的效率，必须对监管决策和执行的具体过程进行深入分析，这也是监管经济学正在研究的主要范畴。R. G. Noll, "Economic Perspectives on the Politics of Regulation", *Handbook of Industrial Organization*, edition 1, vol. 2, chapter 22, 1989, pp. 1253-1287.

集团重新分配利益的一种工具,如果某些利益集团向政治家提供选票或给予其他好处,那么政治家就可以在监管政策制定或执行过程中向他们输送经济利益。因此,市场监管的供求关系在本质上是一桩利益买卖,完全可以用经济学的原理解释"①。由此可见,监管经济学所秉持的观点在于:监管需求存在的根本原因在于国家可以通过监管来帮助利益集团改善其经济地位。②在本书中,笔者无意探讨监管经济学的观点本身恰当与否,但成本效益的分析方法能够促进一些更具理性、富有效益的监管政策和监管手段得以生成,避免冲突型监管给市场带来负面效应。本书意在合理正视这种分析方法的基础上进一步考察上市公司信息披露监管的成本与收益。

与监管成本的一般构成内容相对应,信息披露的监管成本也包括两个方面:一是监管直接付出的物质成本和时间成本;二是由监管间接引起的效率损失。

(1)直接付出的资源成本。这部分成本也包括两个方面:一是监管者在信息披露监管执行过程中损耗的人力、物力等资源成本,可以称为"执行成本"③;二是上市公司因遵守监管规范或配合监管检查而付出的资源成本,可以称为"奉行成本"④。但换个角度看,上市公司所付出的这些成本当中也承载着对其产生约束效力而成为监管收益。

(2)间接引起的效率损失。颁布监管规范或执行监管措施在本质上是引导上市公司规范地进行信息披露,以防止虚假披露、内幕交易

---

① 宋晓燕:《证券法律制度的经济分析》,法律出版社 2009 年版,第 20 页。
② George J. Stigler, "The Theory of Economics Regulation", *Bell Journal of Economics and Management Science*, vol. 2, no. 1, 1971.
③ 比如,颁布任何一项正式的信息披露监管规范都需要经过提议、起草、征求意见、修改等必要程序以后最终才得以通过,在规范颁布以后的贯彻执行环节,监管部门还需进行相应的监督,包括解释、指导、培训等,这期间可能需要额外支出会议场地费、交通费、办公开销等各项费用。
④ 参见宋晓燕:《证券法律制度的经济分析》,法律出版社 2009 年版,第 21 页。

等违规行为。但在此过程中，也不排除可能引发投资者的道德风险、减损上市公司的竞争优势或因监管滞后而抑制信息传递的失灵局面。投资者的道德风险是指投资者可能会因为过于依赖监管者而放松对上市公司披露信息的风险识别，认为只要是经过监管机构批准或审核的信息就不会存在虚假情况；减损上市公司竞争优势是指监管者出于密切监管的目的可能强制上市公司披露所有信息，但对上市公司来说，披露过多的信息可能意味着泄露商业秘密或在交易谈判中无法持有信息筹码而处于劣势地位；因监管滞后而抑制信息传递是指由于证券信息的价值构成十分复杂，市场中的供求冲突普遍存在，而处于博弈格局之外的监管者获取信息的链条较长，加之信息传输中的时滞、失真，导致监管者对实践问题的认识、决策、实施和生效存在着滞后，其本身可能无法确切观察每一个供给者掌握的信息以及需求者的真正需要。因此，监管者制定的强制性信息披露规范可能会与市场环境和主体需求出现偏差，在增加供给者信息披露义务的同时并不能有效满足投资者的信息需求，从而制约市场效率阻碍创新。

与监管成本相比，信息披露监管收益的表现形式多种多样，比如降低投资者的信息获取成本，加速证券信息的有效传递，维护市场秩序，创造公平的竞争环境，增强投资对市场的信心等。但综合来看，可以表现为三个方面：保护投资者利益、提升上市公司运作质量、提高市场资源的配置功能。

（三）信息披露制度中的信息供给成本与收益

上市公司信息披露制度中，信息供给的成本付出包括信息供给者在信息生产、披露的整个过程中所耗费的物质资料、时间成本以及在信息公开披露之后可能产生的负面影响，等等。可以用货币计量的为显性成本，包括信息编制成本（向公司内专司信息披露工作的员工支付工资、差旅费；支付给律师、审计师、独立财务顾问等第三方信息验证机构的费用)、传播成本(在指定的报纸、网站或其他媒体刊登披露文件所支出的费用)、诉讼成本(由于信息披露所引起的法律争端而负担的相应成本,如案件受理费、诉讼财产保全措施的申请费、执行裁判费用等)。不能用货币计量的为隐性成本,包括因为信息披露所引起的诉讼成本、竞争劣势成本和经营行为的约束成本。[1] 这些无形成本不但庞大,而且难以测度,比如信息生产者可能因此放弃或改变他们原本愿意开展的某项营利活动。在秘而不宣的状态下实施新的项目可能赢得利润,并且可以借此压倒竞争对手。但如果法律规则要求公司事先披露将要实施的新项目,竞争对手就此做出的反应将减损这一新项目可能带来的收益。事实上,信息供给者基于信息披露而改变原本积极的盈利计划,无论带来多大的社会效应,对投资者而言都是无所裨益的,甚至会是一种间接的成本付出。[2]

信息供给者付出相应成本披露信息既是基于履行法定义务,同时也希望获得预期收益,二者都可视为信息披露效益,而这些也是信息披露行为的发生动机。具体来讲,由披露行为所带来的收益包括有形收益:增强证券流动性并提高价格、降低资本成本与债务成本、拓展公司业务等;还有无形收益:比如改善投资者关系、改善公司治理结构等。

(四)信息披露制度中的信息获取成本与收益

对投资者来说,即便惠于网络技术的发展使证券信息基本实现了免费派送,但使用信息产品却并非毫无成本。投资者获取信息以后需要花费一些时间成本来消化信息内容,至少在这段时间内无法去做其他事情,这就存在机会成本丧失的问题。同时,信息使用过程中还存

---

[1] 经营行为的约束成本是指信息披露有时可能会对公司的经营管理决策构成限制,从而使其有可能在受到行为约束的情况下做出次优决策而偏离最佳决策,由此形成行为约束成本。

[2] 参见弗兰克·伊斯特布鲁克、丹尼尔·费希尔:《公司法的经济结构》,张建伟、罗培新译,北京大学出版社2005年版,第317—322页。

在着其他潜在的间接成本。一种是"噪音成本",如果法律强制所要披露的信息远远超出供给者自愿披露的信息范围,则投资者将支出正常阅读时间以外的更多时间和精力来归拢信息,以判断真正发生了什么。另一种是"替代成本",公司可能会停止披露一些有用的信息,转而披露一些令人疑惑费解但却是符合披露要求的信息。这些看似"阳光"的信息也可能刺眼到令人睁不开眼睛,使投资再次被湮没于信息的海洋之中。① 当然,抛开成本,投资者因信息披露而获得的收益在于据此判断证券价值,并做出恰当的投资决策而获得更好的投资回报。

基于对信息披露监管、信息供给与信息需求三者各自的成本收益进行分析可以推知,上市公司信息披露的效率价值体现为三个方面:融资者能以较低的成本付出来遵守法定规范并赢得投资者的信任与信心;投资者能以较低的成本处理信息并将其反映于证券价格之上;同时,监管者作为市场博弈的局外人对信息披露的监管能够在不引起效率损失的前提下创造一个充分竞争的市场环境,使证券价格随信息的公开披露而充分变动。② 这就需要信息披露法律制度在承认信息供求双方个体差异的基础上对规范对象实行差别对待,以此提高资源配置效率。在形式公平下,完全相同的信息披露规范使得信息披露成本相同或几乎持平,这样规模较大的发行人相对于规模较小的发行人而言获得了相对优势,而对后者来说既不公平也不效率。或者在某些情况下,"优质的公司会发现,要把自己和劣质公司发售的股份区分开来将十分困难"③。另一方面,由于投资者之间存在规模、经验和组织形式等方面

---

① Troy A. Paredes, "Blinded by the Light: Information Overload and Its Consequences for Securities Regulation", *Washington University Law Review*, vol. 81, no. 2, 2003.

② 参见 Zohar Goshen and Gideon Parchomovsky, "The Essential Role of Securities Regulation", *Duke Law Journal*, vol. 55, no. 4, 2006; Jeffrey N. Gordon and Lewis A. Kornhauser, "Efficient Markets, Costly Information, and Securities Research", *New York University Law Review*, vol. 60, no. 5, 1985。

③ 弗兰克·伊斯特布鲁克、丹尼尔·费希尔:《公司法的经济结构》,张建伟、罗培新译,北京大学出版社2005年版,第331页。

的客观差异，导致其对信息的分析、理解和处理能力存在事实上的差距。而强制所有的公司都披露大量信息，这对不同投资者来说，可能太多又可能太少，使他们失去了判断信息的敏感性，继而获取信息的效率和目的也无从体现。

而实质公平则通过法律干预的矫正（比如降低信息披露成本、增加监管的有效性等）为生产要素的配置和信息供需双方的行为决策提供一个良好的竞争环境，使市场主体处于主动、积极的状态。[①] 如果不考虑信息披露的"成本—收益"或通过牺牲效率而追求形式上的公平，则是更大范围的不公。从这个意义上讲，证券信息披露制度中的实质公平与效率价值相辅相成，具有内在统一性：实质公平作为目的性价值能够促进效率，而效率作为工具性价值最终表现为实质公平；或曰实质公平是效率的最终归宿，而效率是实质公平的存在基础。正如美国学者所指出："任何证券监管的框架结构都可以被认为是多维效率的存在，或曰公平空间中的一个点，即存在公平、效率的边界，一项监管制度必将处于边界之上，除非有另一项监管制度与之相比较将同时改善效率与公平。"[②]

第三节　上市公司信息披露制度的价值实现

法律价值取向的确定意味着人们对法律具有满足社会主体需要的某些特有属性有了初步认知，但这种认知并不必然促成法律价值的实现。从价值确定到价值实现，是一个从客体能够满足主体需要到主体

[①] 参见钟付和:《证券法的公平与效率及其均衡与整合——兼论我国证券法之立法连续性不足》,《法律科学（西北政法大学学报）》2000 年第 6 期。

[②] Hersh Shefrin and Meir Statman, "Ethics, Fairness and Efficiency in Financial Markets", *Financial Analysts Journal*, vol. 49, no. 6, 1993.

的实际需要真正被满足的转换过程。① 在此之中，对主体需要的准确识别是一项重要前提。于上市公司信息披露制度而言，在日益充盈的内容规范下，上市公司向投资者提供的信息总量有所增加，这在一定程度上缓解了证券市场信息分布不均的原始困局。但与此同时，上市公司信息披露内容同质化、模版化和扩大化的问题也逐渐凸显。根据深交所问卷调查的结果来看，上市公司对我国目前信息披露有效性的平均认可程度达到七成，但仅有不足五成的投资者认同这一观点。② 作为信息提供者的上市公司与作为信息需求者的投资者对于信息披露文本中有效信息含量的迥异判断，折射出信息披露存在供求冲突的客观事实。而公平与效率两种法律价值在上市公司信息披露制度中的真正实现需以消解这种冲突为前提。故此，接下来笔者将在分析信息披露供求状况之基础上寻找一种调和矛盾的可行路径。

一、上市公司信息披露的需求分析

按照一般常识，信息使用者对于发行人的初步认识是基于五个方面：第一，公司做什么？即公司所属行业或主营业务。第二，公司发展的战略和目标是什么？即公司的发展定位和经营理念。第三，如何实现这些战略和目标？即公司拥有的资源和优势，包括实物资本和潜在价值。第四，公司已经取得哪些成绩？即公司的历史绩效。第五，

---

① 王智：《价值与价值实现》，《西南民族大学学报（人文社会科学版）》2005 年第 12 期。
② 2013 年，深圳交易所就我国目前上市公司信息披露有效性的问题展开问卷调查，调查结果显示：约有 71.31% 和 69.98% 的上市公司认为我国信息披露文本摘要和全文的有效信息含量大于 70%，但仅有 8.16% 的个人投资者和 36.26% 的机构投资者对此表示认同。参见赵立新：《构建投资者需求导向的信息披露体系》，《中国金融》2013 年第 6 期。此外，也有学者通过对上市公司信息披露有效性问题进行调研发现，仅有 32% 的调查对象认为我国上市公司的年报、半年报中有效信息含量超过 70%，但近九成的调查对象都认为信息披露存在明显的重复披露问题。陈华敏：《提高上市公司信息披露有效性》，《资本市场》2012 年第 8 期。

公司在未来会怎样？即公司所面临的风险和不确定性，以及应对风险的准备和规划。现有规范也围绕这几个方面对发行人和上市公司信息披露的内容和形式做了详细规定。① 总体而言，它们可以被归纳为相互对应、相互补充的三组类型，但这三组类型的信息只是根据不同标准区分所得，其彼此之间互有交叉重合。

（一）财务信息与非财务信息

1. 财务信息

财务信息是以货币为基本计量单位，按照《企业会计准则》规定的记载程序和方法对主体过去发生的交易或事项当中的会计要素进行确认、计量和报告，一般以财务报表（主会计报表、会计报表附注）和财务报告的形式对外披露。② 企业资产、负债、现金流量、所有者权益、收入、利润等直接反映企业生产经营和发展状况的相关数据和事项都属于财务报表的记载内容，这类信息具有可计量性、可核实性和可比性的特征，是企业经营状况的"晴雨表"和"预警器"。上市公司的财务信息一经披露，就可以为每一个证券市场参与者所获取，从而具有公共物品之属性。

但财务信息记载形式的固定性和记载内容的有限性也决定了其本身具有局限性：一方面，许多难以用货币计量的经济和非经济性因素不能被反映，这样企业真正面临的风险和不确定因素也无从体现。比

---

① 参见《公开发行证券的公司信息披露内容与格式准则第 1 号——招股说明书》（证监发行字〔2006〕5 号）；《公开发行证券的公司信息披露内容与格式准则第 2 号——年度报告的内容与格式》（证监会公告〔2014〕21 号）；《公开发行证券的公司信息披露内容与格式准则第 30 号——创业板上市公司年度报告的内容与格式》（证监会公告〔2014〕43 号）；《公开发行证券的公司信息披露内容与格式准则第 3 号——半年度报告的内容与格式》（证监会公告〔2014〕22 号）；《深圳证券交易所股票上市公告书内容与格式指引》（深证上〔2013〕475 号）；《股票上市公告书内容与格式指引》（上证发〔2014〕29 号）；《上市公司日常信息披露工作备忘录第 1 号——临时公告格式指引》；等等。

② 陈震：《财务信息与非财务信息的比较与整合》，《财会月刊》（综合）2007 年第 12 期。

如，自我国引入"公允价值"之后，整体上企业的财务报表重心由"利润表"转向"资产负债表"。在某企业的资产负债表中如果周期较长的资产比重过大，会使资产的账面与其真实价值的背离程度较高，所有者权益也会受到相应影响。另一方面，财务信息局限于对企业历史经营成果的报告，但历史未必反映未来，而信息需求者的投资决策恰恰是以未来为起点，因此可能无法据此了解企业未来的发展方向和潜在价值。基于这些局限，非财务信息存在价值也得以体现。

2. 非财务信息

非财务信息是指不以货币为主要计量单位，以非财务资料形式出现的，与企业的生产经营活动有直接或间接联系的各种信息。[①] 非财务信息虽然与企业财务状况的关联性较弱，但它却客观存在于经济系统的信息传递过程，为企业整个生产经营活动提供了"背景""过程""驱动因素"等多方位的注解，对投资者准确预测企业投资价值和发展潜力具有重要作用。非财务信息的外延非常广泛，一般包括业务数据、管理层的讨论分析、前瞻性信息、管理层及控股股东个人信息、公司背景信息、公司社会责任、未确认的无形资产等。[②] 近年来，这些内容丰富、形式灵活多样的非财务信息越来越受到投资者的青睐和监管机构的认可。而上市公司披露的信息中非财务信息的占有比重也逐渐增加。[③] 与财务信息相比，非财务信息具有前瞻性和广延

[①] 陈震：《财务信息与非财务信息的比较与整合》，《财会月刊》（综合）2007 年第 12 期。
[②] 钟宏武、张旺、张蒽：《中国上市公司非财务信息披露报告》，社会科学文献出版社 2011 年版，第 6 页。
[③] 例如，普华永道会计师事务所曾在 2018 年对科技企业投资者关系部门负责人及高管人员进行调查走访发现，高科技行业"高度重要"的 10 项指标中，有 3 项是财务信息，7 项是非财务信息，包括战略方向、管理团队的质量、市场抢先能力、竞争程度、市场规模和份额等。德勤会计师事务所在 2009 年也做过一项抽样统计发现，2005—2009 年伦敦证券交易所上市公司的年报页数增加了 41%，其中一半的内容都是描述性的非财务信息。这种趋势在我国证券市场也有所体现，以万科房地产公司的年度报告为例，在 2000 年时仅有 74 页，2005 年增至 96 页，到 2008 年时已经达到 180 页，其中所含的非财务信息大为丰富。但一些规模较小的上市公司对于非财务信息的披露仍持观望态度。

性等优点①，非财务信息既可以来自于企业内部，也可以来自原企业外部，尤其在互联网时代，投资者获取企业非财务信息的渠道更为便捷和广泛。但与此同时，也存在不确定性较大和可靠性不足等弊端。比如，多数上市公司披露非财务性信息的方式过于灵活，而且由于监管实践中对于非财务信息的监管规范较少，缺乏统一的标准和要求，多以文字描述和定性分析为主，而少有定量分析，导致投资者即使获取企业非财务信息后也无法跟同行业的其他公司进行对比，可读性体验较差。

（二）历史信息与前瞻信息

1. 历史信息

历史信息是指那些反映已经发生或正在发生的既有事实的相关信息，这种信息是对客观事实的单纯记录和描述，没有加入描述主体的主观分析、评价或意见，因此又可称为描述性信息或硬信息。比如，反映上市公司在过去报告期间盈利或亏损、收入与支出的相关信息。历史信息多由财务信息组成，因此具有可靠性和稳定性，法律对此类信息披露的内容与方式也有固定要求。但与财务信息一样，因其对未来的关注不足而备受诟病，因此，在历史信息之外提供前瞻信息的呼声逐渐高涨。

2. 前瞻信息

前瞻信息是指公司内部管理层就公司未来经营发展进行规划、分析和预测所形成的信息，因此又可称为预测性信息或软信息。它不仅能够弥补以历史性信息为主要内容、仅仅反映企业过去经营状况的传统财务报告所存在的固有缺陷，也能够向市场释放公司自身具有发展

---

① 广延性是指信息在空间上的广泛性和时间上的延续性。例如，某一会计年度的政策法规、市场环境、竞争对手等信息，企业所处环境的变化等。通过比较不同时期的信息，有助于信息使用者准确判断企业的发展趋势。

潜力的信号。因此，前瞻性信息对投资者的投资决策和市场判断有重要影响。这些信息包括但不限于：公司未来的发展机会、经营计划、报告期内公司实际经营业绩与以往业绩的对比结果分析、管理层讨论与分析、业绩预告、未来发展与展望，等等。但是，由于预测性信息是对未来期望的描述，以公司管理层的主观判断和评价为基础，缺乏有力的佐证依据，而且未必能够在未来实现，因此，具有显著的不确定性，也可能对投资者造成误导。于是，规范预测性信息披露的难点在于：既要规范上市公司的披露行为，防止其利用预测性信息来误导投资者；同时也要引导投资者借助这些信息进行理性判断，从而提高信息披露的有效性。

（三）通用信息与特色信息

1. 通用信息

通用信息是指所有上市公司普遍存在的一些信息，比如财务报表中所反映的资产负债、损益变化、现金流量等财务状况的变动信息。在传统信息披露规范体系下，上市公司往往倾向于披露大量通用信息以满足信息披露的合规性要求。但通用信息也存在明显弊端，这至少体现在两个方面：其一，现实存在的上市公司数量众多，它们在生命周期[①]、组织规模[②]、经营模式、行业环境等方面都存在显著差异。在

---

① 20世纪初，经济学研究中引入仿生学的方法对企业组织进行研究后得出了"企业生命周期理论"，该理论作为分析企业从诞生到衰亡动态发展的一种参照模式指出：企业存在着与生物相似的生命周期，最少会经历三到四个阶段（初创阶段、成长阶段、成熟阶段、衰退阶段），且每个生命阶段具有不同的股权结构、组织结构、规模大小与融资偏好等，因此企业呈现出多样化的形态。参见宋智慧：《企业生命周期理论》，《知识经济》2010年第24期；陈艳莹、高东：《企业生命周期理论研究综述》，《经济研究导刊》2007年第5期。

② 接着企业生命周期理论对企业发展阶段的划分来看，伴随每个周期阶段的发展，企业的规模也经历着从小到大的过程。衡量企业规模的指标较多，既包括与企业财务数据有关的指标，如资产总额、营业收入、股本总额等，也包括与其他非财务数据有关的指标，比如股东人数、雇员规模、股票市值等。实践中各个国家会参考多个指标确定。

通用信息模式下，这些重要的差异因素往往被立法者和监管者所忽略，更普遍的做法是对不同类型的发行人和上市公司按照统一或相似的标准、要求进行立法和监管，在这种要求下，上市公司不能通过信息披露来反映自身的真实情况，自然会导致信息失真。其二，通用信息只能最低限度地满足信息披露的规范要求，上市公司所具有的个性化特征会被通用信息所替代或遮蔽，而前者恰恰可能是企业未来发展的重要无形资本，投资者也会因此错失判断企业投资前景的重要参考依据。

2. 特色信息

与通用性信息相对，特色信息是指反映某一类型公司个性化特征的信息，典型的是行业特色信息。例如：零售行业的特色信息包括资本支出、店铺组合变化、预期新店回报、客户满意度、每平方米销售额等信息；石化行业的特色信息包括开发成功率、炼油设备、炼油能力、已探明或可能的储备、储备重置成本等信息；保险业的理赔比率、续保率等；航空业的上座率等。[1] 传统信息披露制度重点解决通用信息的提供，对特色信息的关注远远不够。事实上，财务信息与非财务信息的有机结合只是向前迈出的第一步，而如何将公司治理结构、运营模式与企业所在行业相关的发展前景和潜在风险高效准确地传递给投资者，依然是一个现实问题。从国内外的实践经验来看，监管机关会针对一些较为特殊的行业，如银行、房地产、矿业、信托、保险等制定专门的信息披露规范指引，以此提高信息供给的针对性和有效性。但目前，随着我国中小板和创业板的蓬勃发展，越来越多的新兴行业、新型商业模式进入资本市场。因此，如何在多元化的行业结构下进行行业细分，针对不同行业出台更多的行业信息披露指引以满足投资者

---

[1] 参见 AICPA, Improving Business Reporting a Customer Focus: Meeting the Information Needs of Investors and Creditors, 1994。

对行业信息的需求，将是未来信息披露监管探索的重点。

二、上市公司信息披露的供给分析

从信息披露的供给来看，如上所述，数量众多的上市公司存在多种差异因素，公司规模、股权结构、财务绩效等内外部因素对其披露动机有所影响，而能够预测其未来发展潜力和投资价值的信息内容也各有特色。因此，他们在信息披露的数量、内容、时机等方面可能都有所差异。

比如理论上，对于那些存续时期久远，业务稳定的公司来说，连续的历史财务数据可能足以说明其在行业内所具有的优势地位和未来持续发展的良好前景，发行人或上市公司也有更多积极性主动披露此类信息。而对处于创业初期的中小企业来说，或许没有骄人的历史数据可以对外披露，但其拥有的先进技术和精良的管理团队却是未来盈利的无形资本。所以，后者更愿意通过披露与此相关的各类非财务信息来吸引投资者的关注。

从信息披露的实践表现来看，这些差异也客观存在于不同地区、不同行业以及不同经营状况的上市公司之间。比如，有学者以 2011 年我国沪深两市所有上市公司（共计 2033 家）为研究对象，然后分别从地区、行业、所有制、是否为 ST 公司以及所在市场板块五个角度，对其信息披露的质量表现进行总体和分项比较。研究结果显示：从地域分布来看，中东部地区上市公司信息披露水平高于西部和东北部地区的公司；从行业划分来看，金融保险、建筑业以及运输仓储三个行业的信息披露水平最好，而农林牧渔业和批发零售业的信息披露水平最差；从所有制的划分来看，国有控股类上市公司的信息披露水平较民营控股类上市公司略高；在不同市场层次板块之间，创业板信息披露水平高于沪深两市主板；信息披露水平差距最为显著的是 ST 公司与非

ST 公司之间，前者明显低于后者。①

三、上市公司信息披露的供需互动与冲突

按照经济学的一般原理，市场商品的供给与需求之间总是可以互动影响的，这种影响既表现为相互促进、带动，又表现为相互制约，甚至供求冲突。具有商品特性的上市公司信息披露，其供求关系也呈现这种二元样态。

（一）信息供求的互动关系

商品的价值在于满足用户需求。用户导向驱动产品在质量、成本、供给速度等方面的持续改进与提升，具有商品化属性的信息同样如此。上市公司信息披露其产生动因即是满足使用者的信息需求，而这一系统也正是随着使用需求的拓展与变化而不断进行扩张、调适，逐渐改进完善。

比如，从前文对信息需求的归类分析中我们看到，随着时间推移和市场发展，信息使用主体的信息需求在时间、广度和深度三个方面都有显著扩张：从反映历史成本的信息扩张到体现现有价值的信息，并进而扩张到关注未来的预测性信息；从财务信息需求扩张到非财务信息需求，不仅需要获取确定性信息，还需要获取不确定信息；此外，信息使用者对于能够深入了解企业特色与风险的信息需求也明显增加。这种需求的范围不但在继续扩张，而且同一信息使用者的需求也会不断变化，原因在于：其一，不同的决策内容与决策阶段，信息使用者所关注的内容会有所区别。比如，在买入之前的一定阶段，投资者会

---

① 参见高明华：《中国上市公司信息披露指数报告》（2012），经济科学出版社 2012 年版，第 52—63 页。

侧重关注能够反映未来盈利能力、发展前景的相关信息；买入以后的持有阶段，其侧重关注点又转为分红政策、资产的稳定性等信息。其二，公司自身生存周期的变化也会导致信息需求的变化。比如在企业成长初期，投资者可能会关注与其未来潜在价值相关的信息，而如果企业濒临破产，投资者将会特别关注那些能够反映其是否还有维持经营能力的相关信息。

面对投资者信息需求的扩张，上市公司也有所回应。比如，投资者指出如果上市公司的实际经营业绩与其曾经公开披露过的盈利预测相比低于一定比例时，公司应当解释其原因。上市公司也认为，这种要求是必要的。应当避免仅对事实差距进行笼统概括性的说明，面向投资者披露造成盈利差收的原因有利于投资者在未来对公司业绩的发展趋势进行判断。①

在需求推动供给之外，信息供给者也并非仅仅做出被动回应，在某些时候也可能引导需求。当然，这种引导会反向促使使用者提出更高的信息需求。比如，虽然早在20世纪70年代以前，美国SEC禁止上市公司披露一些不确定性的预测信息。但一些成长性较强的中小型公司为了突出自身优势吸引更多投资者，也尝试着变相披露此类信息，借此描绘一幅美好的未来发展图景。而越来越多的投资者也开始接触并习惯于分析这类信息，此后对这种信息的需求越来越强烈，最终SEC在1979年制定了"安全港规则"（safe harbor rules），并在1989年的S-K规制中新增第303项，即管理层讨论与分析（MD & A）。②

---

① 参见赵立新、黄燕铭：《构建以投资者需求为导向的上市公司信息披露体系》，中国金融出版社2013年版，第172页。

② 参见路易斯·罗斯、乔尔·塞里格曼：《美国证券监管法基础》，张路译，法律出版社2008年版，第132—135页。

（二）信息供求的冲突关系

上市公司信息披露的供求互动是一种缓和状态，但于此之外，还存在许多供求冲突，从信息需求者的角度看，冲突的实质其实是"期望差距"，既有数量的差距，也有质量和供求方式上的差距。当然，随着网络信息披露技术的发展，信息披露的显性成本得以降低，所以这种期望差距主要集中体现于对信息披露质量的不同认知上。比如，自20世纪以来，在信息披露效率价值的导向下，世界范围内的上市公司信息披露内容开始向"重大性"标准转向。但由于"重大性"的内涵具有不确定性，从上市公司的角度来看，现行信息披露规范中强制性披露的内容已经非常庞杂，而上市公司据此提供的信息也能够使投资者做出有效决策。而有些信息属于公司内部管理的个性化信息或商业秘密，不便考核或披露之后反而会误导投资者。但从投资者的角度来看，现有信息披露虽然篇幅较长，但重要信息往往被湮没于冗余信息之中，年报、半年报摘要和全文存在章节过多、结构不合理等问题。在此情况下，披露的信息越多，投资者和上市公司之间的信息不对称的困境就越严重，由此导致出现了信息披露的悖论：大量的信息披露实质上降低了获取信息的效率。

四、调和信息供需冲突的基本方向：差异化信息披露

通过上文分析我们看到，上市公司信息披露供求关系中的互动关系总体呈现一种良性发展态势，供求双方的不断博弈与协商有助于提高上市公司信息披露的有效性，促进市场优化配置资源的功能。但另一种冲突关系会产生负面影响，供求双方无法通过自己的成本付出而给对方带来相应收益，而这也是整个上市公司信息披露制度不断发展演变的动因。诚如有学者指出，证券信息披露制度演变的过程，就是一个在钢丝上行走并寻求平衡的过程，钢丝的一边是投资者保护和信

息需求，另一边则是公司发展和经济增长。①因此，我们需要在寻找诱因的基础上寻找一种解决路径。

笔者认为，导致这种冲突或"期望差距"的原因可能有两个方面：

第一，信息供求双方所处的立场不同，信息使用者游离于公司日常经营之外，在信息不对称的基础上，彼此之间必然存在沟通隔阂。但应当承认，这种障碍也是市场博弈的必然风险和市场主体的盈利机会，无法被彻底消除。

第二，现行立法理念和监管思路在一定程度上增加了信息供给负担，但同时也存在偏离投资者决策需要的引导倾向。这种困境应当是我们反思和探究的重点。现行整齐划一的信息披露立法理念和"一刀切"式的监管思路忽略了市场功能细化、投资者构成多元化、证券类型多元化以及上市公司经营差异化的变化趋势，在一体适用的强制性信息披露制度下，除了财务数据有区别体现，其他大量的非财务信息几乎都是按照规范的表述和格式照抄一份内容空泛的"标准答案"。披露文本体现的是对法定规范的"遵守"，而不是一种与投资者之间的"互动沟通"。

其结果是，上市公司耗费成本披露了大量重复、冗余的通用信息，而与公司实际经营情况、未来发展趋势密切相关的个性化信息往往被一笔带过，甚至省略披露。面对这些爆炸式的信息文本，投资者不知所措，监管者也无所适从，他们花费大量的时间、人力、物力也无从辨别公司的优劣与价值。那些真正具有发展潜力或信息披露质量较高的上市公司不易被关注，它们可能会因为没有从其高质量的信息披露中获取市场溢价而丧失持续合规的利益动机。上升到信息披露法律价值的高度来看，这种制度可能没有为证券信息的生产、传输创造一种实质公平并高效运作的市场环境。据此来看，打破这种困境局

---

① 廖凡：《钢丝上的平衡：美国证券信息披露体系的演变》，《法学》2003年第4期。

面的基本思路是：以信息供求双方的多样性区分和信息传递空间的层次化区分为视角，尝试安排一种不同一、不统一，区别于一体强制披露的差异化信息披露体系，既在最大限度上满足投资者复杂的信息需求，又尽可能地降低上市公司信息披露成本，以实现公平与效率的协调统一。

本章指出，具备价值和使用价值的证券信息可以被视为一种商品，以信息商品换取资金融通是证券买卖的具象图景。但信息商品质量的识别具有复杂性和主观性，如果不对其生产、流通进行规范控制可能导致证券市场萎缩为"柠檬市场"，因此，一套规范信息商品生产质量、统一商品验证机制和传播渠道的上市公司信息披露制度得以生成。作为以商事规范为主要构成元素的体系化制度，该制度自然以公平与效率为其价值取向，这种公平需要超越形式公平而达到实质公平的境界，即信息商品的使用价值在需求者之间公平实现，信息传播所产生的收益在供给者之间公平实现。在此意义上，实质公平与效率相互统一。这种价值超越与价值统一的实现需要充分关注信息供求双方多元化的利益诉求，并通过差异化信息披露的制度设计来调和客观存在的供求矛盾。

第二章　上市公司差异化信息披露的理论内涵

上一章指出，公平与效率作为上市公司信息披露制度的价值取向，其实现需要充分关注信息供求双方多元化的利益诉求，并通过差异化信息披露的制度设计来调和客观存在的供求矛盾。由此，差异化信息披露的概念进入我们的研究视域。然而，任何证券法律体系都是"基础范畴+逻辑推理"后形成的概念、原则和规范体系。[①] 因此，本章将从差异化信息披露的概念和基本原则入手透析该制度的理论内涵。

第一节　差异化信息披露的界定

在上市公司信息披露这一证券法领域的恒常性命题前加上"差异化"的定语并非意在完全颠覆原有的制度体系，但却就此开拓了一个新的研究视角，这种研究视角的切入基点正是"差异"（difference）一词。"差异"本是哲学的基本范畴，然而，真正赋予其持续生命的或许并非超然的哲学追问，而是朴素的生活常识。按照古希腊的"追问式思辨"，如果我们无法确定"那是什么"，我们也可以给出"那不是什么"的替代性答案，原因在于我们思维的自然规律肯定了"差异"在

---

① Karl N. Llewellyn, *Jurisprudence Realism in Theory and Practice*, University of Chicago Press, 1962, pp.26-48.

客观世界中是普遍存在的。在哲学范畴内，与"差异"相伴的另一整体概念是"同一"（identity），二者共同构成了后现代哲学理论的核心原则。因此，笔者拟从"差异"与"同一"的辩证关系着手来逐步考察"差异"概念的涵摄范围。

一、"差异"与"同一"之辩

（一）哲学上"差异"与"同一"的辩证关系

基于常识意识或形式逻辑，一般认为，"差异"与"同一"是一对僵化对立的概念："差异"是事物内部或事物与事物之间的差别，而"同一"是事物内部或事物与事物之间的共性。但事实上，"同一"的存在和发展完全依赖于"差异"，只有"差异"才能反映出事物存在的本身，"同一"只是在区分不同事物之基础上比较所体现的共性，不以"差异"为前提的"同一"本身并不能真正独立存在；而基于比较所产生的"差异"又常常是具有共性的前提，否则便没有可比性，这种共性又体现为"同一"。[①] 因此，作为事物或事物之间的共性，"同一"凝聚了稳定性规律，为"差异"的存在奠定了基础。"差异"与"同一"在实体关系中相互渗透，相互补充，乃同中之异，异中之同。正如黑格尔所言："'差异物'恰恰只有在其对立面中，即在'同一'中才是它所是的那个东西。"[②] 二者的辩证关系可以从以下几个方面得到说明。

1. "差异"是绝对的，"同一"是相对的

"差异"是所有存在物之间普遍存在的一种关系，一切事物乃至事物本身都可以消融在差异之中，即自己与自己都完全不同。[③] 因此，

[①] 参见易小明、刘庆海：《差异论》，《吉首大学学报（社会科学版）》1993年第2期。
[②] 卡尔·拉伦茨：《法学方法论》，陈爱娥译，商务印书馆2004年版，第39页。
[③] 在哲学史上，强调差异的观点比比皆是。比如赫拉克利特所谓的"人不能两次踏进同一条河里"其实质是在强调河流自身在时空上的差异性。而莱布尼茨"凡物莫不相异"的差异律更是经典地表达出了差异无所不在的本质。

"差异"是本质的、绝对的。① "同一"是忽略某些差异的存在之后对事物的认知，因为认知"同一"性的前提必须是被还原为现实独立的物才会产生。"同一"总是在某种程度上存在的同一，它是有条件的，所以，"同一"和"差异"在本质上是人的认识角度的差异所致。

2. "差异"是现实的，"同一"是抽象的

"差异"被融于一切客观真实事物、方面和因素之间，它是物质的存在状态；而"同一"却是被现实所溶解的抽象概念，它总是要撇开事物的某些方面，用一条具有共同特点的普通连线将许多散落的事物串联起来，它所概括的事物越多，这种"同一性"就越抽象。A 事物在一定时期内之所以是"A"或者"非 A"，是因为它具有区别于其他事物稳定的内在规律，但当事物"A"或"非 A"不断受到机械的、物理的、化学的作用而发生量甚至质的改变时，它可能由"A"变为"非 A"，或由"非 A"变为"A"，而与其他事物呈现同一性。从这个角度看，"差异"与"同一"并非完全对立的，而是具有交互空间。

3. "差异"体现为绝对运动，"同一"体现为相对静止

如前所述，"差异"是物质存在的绝对状态。这是因为其与运动相伴而生，不断的运动才产生或维持运动，而不断的差异造成不断的运动。"同一"是基于事物的相对静止，一事物之所以与其自身相对同一是因为其内外部结构保持相对静止。离开相对静止，同一便无法存在，人们也无法比较鉴别。②

而真正对"同一"与"差异"之间这种对立状态的终结则始于黑

---

① 但有学者指出，西方哲学史上对于"差异"的强调并不是彻底的，各种观点都夹杂着对于"同一"的肯定。真正能够把差异思想推向极限的，是佛教中的"中观派"。他们认为，纵然坚持差异，但由于差异本身仍然可以看作是一个统一，所以对佛教而言仍然是执着。印度派佛教代表人物龙树指出"不一亦不异"既非简单的同一亦非简单的差异，这种否定之否定最终化为佛教所谓的"空"。参见钱炜江：《论法律中的同一与差异》，《法律科学（西北政法大学学报）》2013 年第 2 期。

② 参见易小明、刘庆海：《差异论》，《吉首大学学报（社会科学版）》1993 年第 2 期。

格尔提出的"理念论"。黑格尔在《逻辑学》一书中提出，所谓"同一"与"差异"这些对立范畴都属于"本质论"，而本质的特点在于"各个规定只是相对的，还没有返回到概念本身"。①也即，在本质层面，"差异"与"同一"是相互对立的，但在意识层面并非如此。②黑格尔认为，停留于事物本质的认知是远远不够的，而须上升到绝对的理念。在这种理念之中，"差异"与"同一"之间的对立可以实现消解。③笔者以为，在这里黑格尔提出的位于"理念"认知层次之下的"本质"其实更贴近于"存在"之意，倒推解释：即使"同一"与"差异"在理念之中可以消融，但在形而下的层面二者的确是区分存在的。④但这并不是说理念中无所谓"同一"与"差异"，完全等同于佛教中的"空"。而是说理念中的"同一"与"差异"依然存在，但"同一"是理念本身的"同一"，"差异"同样是理念本身的"差异"，一切都被统一进理念的实体中。

于此，我们可以对"差异"与"同一"在哲学上的辩证关系做一小结："同一"与"差异"并非自然之物，而是人类认知的结果。但人类对"差异"的认知并非是要否定或者取代"同一"，而是要恢复"差异""异者""他者"的正当地位，把属于"差异"的一切还给差异。"同一"与"差异"的关系并非简单的彼此同化或取代。在理清了"差异"与"同一"的辩证关系之后，我们将二者置于法律价值取向中的

---

① 参见黑格尔：《小逻辑》，贺麟译，世纪出版集团2009年版，第229页。

② 比如，我们可以认为道德为本质，法律为现象。则现象化的法律就必须服从于本质化的道德，因为本质就是对现象的否定。但问题是，法律并不只有道德这一个本质，它还有其他的本质；而道德也并非只是以本质的样态存在，也可能以现象的样态存在，比如"善"。

③ 黑格尔在《小逻辑》一书中指出："绝对的理念是普遍，但普遍并不单纯是与特殊内容相对立的抽象形式，而是绝对的形式，一切的规定和它所设定的全部充实的内容都要回复到这个绝对形式中。"参见黑格尔：《小逻辑》，贺麟译，世纪出版集团2009年版，第303页。

④ 关于"同一"与"差异"是否存在并在理念中消融的更多辩证可以在海德格尔对巴门尼德思想的评判中见得。参见马丁·海德格尔：《同一与差异》，孙周兴、陈小文、余明锋译，商务印书馆2011年版，第32—35页。

"公平"与"效率"之中寻找具体的标准。

（二）透过"差异"与"同一"看公平与效率

法律作为一种现象之物，可以融于"差异"与"同一"的认知差别之中，由此，法律价值取向中的"公平"可以被区分为"差别性公平"和"同一性公平"。前者是基于承认个体之间具有差异性的前提来追求公平，后者是基于法律主体之间具有同一性的前提来追求公平。"差异性公平"的实质是根据法律主体的差别性要素（天然占有资源的状态、获取资源的能力等）来分配资源；"同一性公平"的实质是根据法律主体作为一般自然人或法人所具有的共性身份进行平均分配。这与本书第一章中所提到的人类对公平价值追求的三个阶段（结果公平、机会公平、制度公平）遥相呼应。"差异性公平"即是罗尔斯"社会正义"思想中的"制度公平"，而"同一性公平"即早期法律所追求的结果公平或均等。[①]

再来看效率，显然效率是以承认法律主体之间的"差异"为前提。法律主体之间具有各种"差异"，只有承认并合理利用这些"差异"才能更有针对性地刺激主体积极性。从这一意义上讲，效率可以被认为"差异性公平"的一种表现结果。当然，效率不仅要承认"差异"的前提，更要接受"差异"的结果。同时，"差异"的绝对运动性与"同一"的相对静止性这一辩证关系又提醒我们，效率之所以生成，其根本动力也在于"差异"背后所隐藏的"同一"。只有具有"同一性"基础的"差异"才可能产生强大的推动力量，因为"差异"不能自己运动，只有在与"同一"的矛盾中才能产生运

[①] 在本书第一章第二节"上市公司信息披露制度的价值取向"中提到，人类对公平价值的追求基本经历了结果公平、机会公平和制度公平三个阶段。而制度公平体现于罗尔斯的"社会正义"思想之中，在此基础上，罗尔斯还构建了两个重要原则：机会均等原则和差异原则。

动。① 因此，作为"差异性公平"结果的效率与"同一性"的公平也是相互依存的。后者是法律促进社会黏合的基础，而前者是法律促进社会经济发展的推进器。

二、何谓"差异化"披露？

通过上文从更广泛的哲学角度对"差异"概念进行梳理后我们看到，如果离开黑格尔的"理念论"而回到"本质论"（或存在）的层面，对于"差异"的界定几乎离不开"同一"，即只有在有限的"同一"范围内进行"差异"分析才具有现实意义。

"差异"是绝对运动的，"同一"是相对静止的。这种辩证关系在证券信息披露的历史发展中也可见得。在政府以强制性信息披露的制度工具干预证券市场以前，上市公司出于经济激励的动机完全在自愿范围内披露信息。这种自愿表现为上市公司可以自由决定是否披露以及披露信息的时间、内容、方式等，在这一历史时期中，不同公司间甚至同一公司在不同时期内的信息披露呈现完全"差异化"的样态。而强制性信息披露制度确立以后，政府对信息披露的时间、范围、方式以及披露信息所要达到的质量标准都进行了强制规范，自此之后，不同公司间那些差异化的披露因素逐渐消散而"同一"的样态逐渐扩张。

回到本书的核心命题——当下，我们提出的"差异化"信息披露，并非是要重新返回到早期完全自愿披露的阶段，以"新瓶装旧

---

① 比如，人不与虎豹比较奔跑的速度，是因为人不与虎豹同类，虎豹们跑得再快也不能引起人们的嫉妒。所以，人与虎豹的速度差异再大也不能激起人们"奋发图快"的内在潜能。只有人与人比，才可能激发出人的内在的各种潜能。并且，在人与人的比较中同一性越多，可比性越大，其间的差异就越能使人的内在潜能发挥得淋漓尽致。所以差异只有以同一性为背景，才可能激发人们的奋斗精神，才可能使效益发挥出来。参见易小明：《从差异与同一角度看平等与效率》，《湘潭大学学报（哲学社会科学版）》2009年第6期。

酒",而是在信息披露制度的现有框架下,兼顾不同信息供给者、信息使用者以及信息使用环境的差异属性,以提高信息披露效率,追求实质公平为目的,打破引发信息披露制度中不公平或没有效率的"同一性"因素,以体现信息披露的异质性和个体性,将原本属于"差异"的一切还给差异。据此,对于"差异化"信息披露的概念界定需要在时间、空间、内容三个维度中确定"同一"或"差异"的对比基础。同时,需要考虑降低信息披露成本,提高信息使用的有效性和信息披露监管的针对性。

首先,前文提到信息披露法律制度的规制对象包括发行人的发行信息披露和上市公司的持续性信息披露,因此从信息披露的时间维度来讲,"同一性"或"差异性"也相应地包括证券发行信息披露和上市公司持续性信息披露两个子集。其次,从信息披露的空间维度来讲,不同国家或地区都有适用于在本国或本地区内证券发行及上市的信息披露法律规范,这些规范自成体系。而不同国家或地区之间的市场发展水平、监管体制存在各种差异,其信息披露的制度内容也不尽相同。因此,信息披露制度"同一性"或"差异性"比较的空间维度在于同一国家或地区之内的所有证券市场,而不同国家或不同地区之间信息披露制度的不同不能称之为"差异化信息披露"。最后,从信息披露的质量标准来看,对信息披露内容与形式进行差异化安排的最终目的也是使上市公司所披露的信息在达到真实、准确、完整、及时、公平的最低质量标准基础上,进一步提高有用性、系统性和易得性。因此,从结果来看,所有公司对外披露的证券信息最终都应无一例外地达到这些质量标准,而至于具体通过何种途径来完成,则可以根据不同公司的具体情况进行差异化对待。

确定"同一"与"差异"的比较范围是界定差异化信息披露概念的初步进程,接下来还需明确差异化信息披露的实现方式。虽然完全依赖于信息供给者的自愿披露可以直接产生差异化的结果,但这种不受约束的状态是无序和低效的，不符合差异化信息披露的初衷。此外，理论上对每个上市公司都"量身订做"契合其具体情况的标准与要求是最能提高信息披露有效性的理想状态。但着眼于实践操作当中，不仅我们有限的立法和监管资源无法应对数量众多的上市公司，并且投资者需要花费大量的时间、具备相当专业精炼的投资技能才能真正理解每家上市公司的信息披露含义。这样，不但使资本市场的门槛达到高不可及的高度，而且会影响信息传递和资本流动的效率。因此，我们所追求的差异化披露不是苛求到每一个具体公司之中，而是着眼于具备某种类比性的公司之间，以类型区分为基础，对不同类型的公司适用不同的标准和要求，以突出信息披露的类型化特点；对同一类公司适用同样的标准和要求，以使信息使用者在同类对比当中判断公司情况，做出理性决策。

综上所述，笔者将上市公司差异化信息披露的概念界定为：在同一国家或地区内，针对不同类型或同一类型不同情况的上市公司适用不同的信息披露内容规范和形式要求，使其尽可能披露能够反映自身情况的重要信息，以突出信息披露的针对性和有效性。

单从概念来看，差异化信息披露似乎有悖于公平披露原则，甚至违反证券市场的公平、公正。但事实上，差异化披露不同于选择性披露[①]，它是在立法、监管和实践中对不同类或同一类公司的不同情况确定不同的信息披露内容、方式或频率。其目的在于使上市公司根据自身实际情况按照不同标准和方式进行信息披露，但没有在披露对象上进行选择区分，投资者仍然可以在同一时间以同一方式获取某一特定发行人或上市公司披露的相同信息。

---

① 选择性信息披露是指将重大的未公开信息向特定群体（如证券分析师、机构投资者等）披露。选择性信息披露可能使信息获取者直接或间接地进行内幕交易，对于多数未获取信息的投资者而言明显不公平。因此，这种行为被世界各国证券法所禁止。

第二节　上市公司差异化信息披露的基本原则

任何制度都蕴含着人类社会在某一特定时期共同认可的价值观念。而法律制度作为人类为自身社会生活制定规则的有意识的行为，历来都是与一定的理念紧密相连。在一项法律制度中，法律原则是立法理念的精神传递，是制度品格的观念形态，也是法律活动展开的重要支撑。因此，上市公司差异化信息披露作为一项指导信息披露立法、监管和实践的法律制度，应当以信息披露制度的价值取向为基础，确定并遵循一定的法律原则。通过第一章的分析我们看到，差异化信息披露的价值基础在于，尽可能满足信息使用者的信息需求，并在此基础上降低信息供给者的供给成本，以填平供需双方的期望鸿沟。有鉴于此，作者提出，差异化信息披露制度应当秉持两项基本原则：以投资者需求为导向、降低上市公司信息披露成本。

一、以投资者需求为导向

投资者是证券市场的资金提供者，其依据上市公司的信息披露来决定自己的资金流向，因此，任何信息披露都要满足投资者的信息需求。但于本书之中，笔者之所以强调差异化信息披露的首要原则是以投资者需求为导向，原因在于：在证券市场运作中，上市公司信息披露的需求主体具有多样性，虽然获取财务信息与非财务信息、历史信息与前瞻性信息、通用信息之外的特色信息是他们的共同需求。可事实上，信息使用者的构成结构相当复杂，以使用信息目的的不同为标准进行区分，可以分为投资者的信息需求、中介机构的信息需求和监管者的信息需求；在投资者之间，根据其投资资金的来源、性质、规模以及投资动机的不同，又可以细分为机构投资者和公众投资者，有学者将其称为"异质投资者"。[①] 他们对于证券信息需求的多与少、详与简，以及所关注的重点都不尽相同。有研究进一步指出，机构投资者和公众投资者对于信息需求的差异是基于数量和专业性两个方面：信息需求者的数量与专业性特征呈三角形分布样态，图形顶部是少数具有专业能力代表机构投资者利益的分析师，底部是大量的个人投资者。[②] 作为信息提供者的上市公司可能无法一一满足投资者的需求，那么究竟应该以何者的信息需求为标准？这是有待明确的前提。

（一）机构投资者的信息需求[③]

随着证券市场的发展，机构投资者的力量日益壮大并成为市场上的主导投资力量。他们有能力对证券信息进行二次加工、分析，因此，对信息的深度、广度和及时性要求很高，更需要大量真实数据型的原始信息，以获得不同的定量和定性的结论。从信息获取方式上看，除发行人或上市公司公开披露的信息以外，他们更注重与发行人或上市公司的高管、同行或特定的研究人员进行沟通获取其余信息。

（二）公众投资者的信息需求

与机构投资者相比，在我国当前的资本市场的参与者中，公众投

[①] 孙莉、黄方亮、韩旭、杨敏：《异质投资者对 IPO 信息披露需求差异调查分析》，《山东财经大学学报》2018 年第 4 期。

[②] G. S. Bissell, "A Professional Investor Looks at Earning Forecast", *Financial Analysts Journal*, vol. 28, no. 3, 1972.

[③] 事实上，机构投资者包括两大类：一类是证券投资基金、证券公司、保险公司等专门的证券投资机构，证券投资是其主营业务之一，自营买卖证券或接受委托代客理财以获取收入是其主要的经营活动和利润来源。另一类是非专业的机构投资者，是指主营业务不是证券投资，但是在法律法规允许的范围内利用闲余资金进行证券投资以期获得更高收益的企业和事业法人，它们通常是委托专业的机构投资者帮助其进行投资运作。本书所论述的"机构投资者"的信息需求偏好仅指前一类投资者。

资者是主要力量。^①他们在信息挖掘、分析、理解等方面的能力显弱。同时，公众投资者的投资期限较短，换手率更高，热衷于追逐炒作题材进行短线投资。^②因此其所需要的信息范围虽与机构投资者相同，但更青睐于对原始信息进行加工后的事实性和结论性信息。从信息使用方式看，公众投资者多以阅读并理解为主，较少使用辅助工具进行统计分析，因此他们更希望信息供给者以通俗易懂、图文结合或索引的方式提供真实信息。^③有研究团队曾就投资者阅读 IPO 招股说明书的情况及在此基础上对异质化投资者对于信息披露的需求情况开展了问卷调查与访谈，经过分析发现：限于公众投资者的有限知识，依赖于公司对信息的直接描述，所以普遍认为"财务会计信息""募集资金使用""风险因素"等信息是招股说明书中最重要的信息。但机构投资者

---

① Wind 金融资讯数据显示，2015 年我国证券市场中的交易换手率中主板为 6.34 倍，创业板为 12.57 倍。这一数据远高于美国最活跃的纳斯达克市场（其年度平均换手率不足 2.45 倍）。这说明以个人投资者为主导的市场主要通过赚取差价来获取收益。根据中国结算公司统计，当前一码通账户中，自然人账户占比 99.72%；在上海证券交易所中，持股仅 20% 的个人投资者就有 80% 的成交量。参见兴业证券机构部：《2016 年 A 股市场年终总结——我是严肃的数据统计》，http://mp.weixin.qq.com/s/JytVqdpP4QNpwhYpcJic6g，最后访问时间 2017 年 3 月 21 日。

② 根据我国沪深两交易所调研显示，上海证券交易所 100 万元市值持有以下账户占持股总账户的 98.8%，持有市值占总市值 40.9%；深圳证券交易所类似，分别为 99.3% 和 45.9%；2006 年和 2007 年持股期限小于 3 个月的账务占总账户的 70%（基本为中小投资者），而中小投资者的换手率是机构投资者的两倍以上。

③ 有学者或券商专业人士专门针对公众投资者的信息需求做了相应的问卷调查。比如，山东财经大学的部分学者及硕士研究生在 2012 年 4 月底到 5 月底，以纸质和电子邮件的方式针对一些在山东省境内证券公司营业处开户的公众投资者发出问卷调查，主要内容涉及新股发行中公众投资者的信息需求。其中成功收回的纸质问卷调查率为 84.6%，电子问卷收回率为 23.7%。与此类似的还有，在 2012 年 4 月 16 日到 4 月 20 日期间，中信证券股份有限公司研究部的工作人员向中信证券股份有限公司及其控股的中信证券有限责任公司和中信万通证券有限责任公司在湖北、湖南、山东、陕西、上海、四川和浙江 7 省市共 50 家营业部的 1000 名公众投资者（其中 92% 的客户的证券资产总值在 10 万—200 万之间）就招股说明书中的投资者信息需求发放调查问卷，共收回 921 份。并在此后组织营业部的投资顾问对中小客户进行调研，了解公众投资者对招股说明书信息披露的感受以及意见反馈。两次调查结果显示：在披露质量上，公众投资者对信息披露真实性需求最大；在披露内容上，公众投资者建议招股说明书中采用索引方式，以容纳更多信息；在披露方式上，公众投资者希望文字表达可以通俗易懂，必要时图文结合。参见王英姿：《新股发行中的投资者信息需求——基于问卷调查的研究》，山东财经大学 2013 年硕士学位论文。

在"财务会计信息"之外则更看重"业务技术"及"未来发展规划"等前瞻性信息。而且公众投资者偏好获取增量信息,更注重信息披露的易读性,而机构投资者更注重信息披露的质量,对拟上市公司披露的各类"软信息"更为看中。①

(三)中介机构的信息需求

证券市场的中介机构是证券信息的验证者,在投融资双方之间起到桥梁的作用。中介机构不仅数量众多,种类繁杂,且不同中介机构对信息的需求有所不同。总体来看,分别承担财务审计、法律服务、资产评估、信用评级的会计师事务所、律师事务所、资产评估机构、信用评级机构,其业务内容比较单一化,提供纯粹的信息验证服务,因此多数仅需要与专业工作相关的少部分信息,且主动获取信息的意愿并不强烈。而证券投资咨询机构和证券分析师更多的是为机构投资者提供信息分析和投资建议的服务,因此其信息需求与机构投资者类似。

(四)监管者的信息需求

证券监管机构又分为行政监管机构和自律性监管机构,以我国为例,前者主要指证监会及其派出机构,后者指证券交易所和中国证券业协会。在我国目前以行政监管为主导的监管理念下,过去很长一段时间以来,监管机构对信息的需求更多体现为"合规""规范""风险"类的监管信息,而对于能够体现上市公司投资价值的非监管信息需求相对较少。此外,为了便于监管,他们往往通过制定大量的强制性信息披露规范来迫使上市公司传递信息,至于是否会增加公司披露成本

---

① 孙莉、黄方亮、韩旭、杨敏:《异质投资者对 IPO 信息披露需求差异调查分析》,《山东财经大学学报》2018 年第 4 期。

以及所披露的信息是否对投资者决策有用则考虑较少。

一般来看，在采取"行政治理模式"的证券市场中[①]，监管部门会事无巨细地设定希望能够囊括一切信息披露类别的标准，并倾向于透过上市公司所披露的信息以及其他标准来代替投资者对证券商品品质的优劣进行判断。其制定信息披露规范的出发点是以"满足监管需要为导向"，也因此带有明显的"合法""合规"倾向。这种做法在市场机制不健全、规范化程度不高、信息披露水平普遍较低的情况下是非常现实的选择，也对信息披露制度的发展和完善起到不可替代的作用。因此，过去信息披露监管价值导向的偏差在一定程度上给投资者和证券市场带来了负面影响。在信息披露的监管过程中，把握干预的合理边界是摆在监管者面前的一大难题，其背后也是成本与收益的博弈。一方面，监管者对上市公司信息披露的过度干预可能会表现为增加强制信息披露的内容从而加重上市公司信息披露的成本；另一方面，由于上市公司自愿信息披露的动力不足，因此，监管机关干预信息披露的合理边界需要在市场参与主体的反复博弈过程中去摸索。

随着市场机制逐步健全，投资者群体日渐成熟，外部制约力量不断增强，上市公司信息披露水平普遍提高，投资者的信息需求也呈现出两个明显的转变趋势：第一，从真实、准确、完整和及时的一般标准向信息披露的实质有效性转变；第二，从强制性信息披露向自愿性信息披露转变。"以监管需要为导向"的信息披露规范会在一定程度上制约投资者获取对决策有用的信息。一方面，上市公司的情况千差万别，市场环境瞬息万变，制定刚性统一的信息披露规范难以客观反映

[①] 有学者指出，当代证券市场格局中存在着两种可以称为韦伯意义上"理想模型"的治理模式，即"行政治理模式"和"市场治理模式"。"市场治理模式"是以市场主体的自由选择为基础，辅之以公权力对此种自由选择的强力保障和事后救济，因此也可称为"法律治理模式"。"行政治理模式"是指以国家机关的行政指令为基本手段，对市场的诸多事项做非常具体的安排。参见程金华：《市场治理模式与中国证券律师——基于1148家IPO案例的实证报告》，载黄红元、徐明主编：《证券法苑》（第九卷），法律出版社2013年版，第46页。

上市公司的真实情况；另一方面，监管者的出发点是据此来规范市场主体的行为，而是否真正为投资者决策所需则是其次的考量因素。虽然监管类信息与投资者决策类信息之间并不存在必然冲突，但在篇幅有限的信息披露报告中二者的数量此消彼长。因此，如果不舍弃对监管类信息的披露，则那些对投资者决策有用的信息含量可能减少或整体出现信息过量之情形。

事实上，无论是何种治理模式，还是监管者在市场中扮演什么样的角色，都不能改变投资者作为信息最终使用者的市场规律。原因在于，证券市场的基本功能即是使投资者的资金在信息的引导下最终流向具有盈利空间的上市公司。根据有效市场假说，投资者可以根据上市公司的信息披露水平对其股票进行公允估价，一旦上市公司信息披露水平降低，其股票定价也会被打个折扣，市场流动性会随之降低，最终融资成本也会上升。据此，信息商品的最终取悦对象是投资者，引导投资者如何使用信息甚至上市公司如何披露信息的不是行政指令，而是市场规律。监管者处于信息博弈的格局之外，既无须帮助发行人向投资者传递信息，也无须帮助投资者获取信息甚至对证券价值进行判断。其要做的仅仅是维护一种信息传导机制，并对违规披露的信息进行补正式监管。对此，从近期立法机关公开的《证券法》修订草案中可以看到，将原来散见于各章的信息披露规定扩充为专章规定，并进一步明确了信息披露的义务主体和责任体系，足以察觉监管者将信息披露作为投资者利益保护工具的基本态度。

基于上述分析，笔者再次重申，差异化信息披露应当在多元化、多层次的信息需求当中确立以"投资需求为导向"的信息披露原则，将要求上市公司"披露什么"的话语权交还给投资者。因此，披露大量的非财务信息、行业特色信息以及前瞻性信息才能投其所好。当然，这里的"投资者"既包括机构投资者也包括公众投资者，两类投资者对有效信息评价的深度和广度有所区别，对此，可以分别披露详版和简版的两类文本，笔者将在后文述及。

二、降低上市公司信息披露成本

法律的最高境界在于，通过具有"强制力"的法律规则或规范，实现"非强制性"的法律激励，或"非强制"地让人们做什么，以此实现个体利益与主体利益的一致性。① 公司是股东获取投资回报的组织工具，以获取利润为发展目标，具有强烈的经济行为色彩。因此，调整市场经济运行中上市公司的信息披露行为必然要遵循经济规律的主线，创制符合上市公司利益结构的制度规范，使其能够在低成本、高收益的预期期待中主动披露对投资者决策有用的相关信息。

前文提到，上市公司在信息披露中所付出的成本不仅包括那些可以计量的显性成本，还包括诉讼成本、管理成本、竞争成本等难以预估的隐性成本。如果我们向往"全面信息披露"的景象，将可能陷入个别欺诈行动压力而使信息披露呈现"棘轮效应"式的发展盲区。② 而且如前文分析指出，投资者本身也存在异质化的信息需求，甚至对于信息披露的行为反馈存在非理性的倾向。作为逐利的市场经济人，规避成本是一种行动本能。由此，差异化信息披露法律制度的设计应当在以投资者决策需要为导向的前提下，尽可能降低上市公司的信息披露成本，以使制度规范尽量契合上市公司的利益旨趣，避免陷入"法律更多但秩序更少"的尴尬处境。③

可采取的具体做法是，在信息披露内容中，充分考虑多元化的上

---

① 参见陈彩虹：《法律：一种激励机制》，《书屋》2005 年第 5 期。
② 信息披露的"棘轮效应"是指过度扩张的强制性信息披露内容，不但未能解决信息不对称所引发的融资成本激增的问题，反而带来新的问题。参见本·沙哈尔：《过犹不及》，陈晓芳译，法律出版社 2015 年版，第 40—42 页。
③ 罗伯特·C.埃里克森：《无需法律的秩序——邻人如何解决纠纷》，苏力译，中国政法大学出版社 2003 年版，第 354 页。

市公司之间所具有的类别性差异，减少上市公司披露大量重复的通用信息和无关痛痒的噪音信息。这样，上市公司信息披露的内容可以达到"少而精"的高质量水平，其披露成本也得以相应减少。在信息披露形式上，不拘泥于传统的纸质披露媒介，允许上市公司从多样化的披露渠道中根据自身实际需要自由选择。对上市公司而言，可以降低信息披露成本；对投资者而言，也可以更"便捷"地获取"可读性"更强的信息内容。

本章界定差异化信息披露的概念之前，借助哲学范畴内"差异"与"同一"的辩证关系考察了"差异"的哲学特性，即"差异"是绝对的现实存在。法律作为一种社会现象之物，可以融于"差异"与"同一"的认知差别之中，也即法律价值取向中的"公平"可以被区分为"差别性公平"和"同一性公平"；而效率是"差异性公平"的表现结果。这与我们在第一章中提到"实质公平"与"效率"的内在统一不谋而合。因此，差异化信息披露的根本目的在于打破信息披露制度中不公平或不效率的"同一性"因素，以体现信息披露的异质性和个体性。接着，笔者在确定信息披露差异表现的时间、空间和内容三个维度后给出了差异化信息披露的概念。但与此同时，作者也反复强调，差异化信息披露制度的价值基础在于关注供需双方多样化和差异化的利益需求以实现实质公平与效率。所以，整个差异化信息披露的制度设计也应以"满足投资多样化的信息需求"和"降低上市公司信息披露成本"为基本原则，以保持制度存续的生命力和制度执行约束力。

第三章　上市公司差异化信息披露的表现形式

接着第二章的理论探析，我们所提出的"差异化信息披露"并非是要回到完全自愿披露信息的历史时期来苛求每个公司之间都呈现完全"差异化"的样态。更理性的选择是在信息披露制度的现有框架下，寻找上市公司"同质性"和"异质性"的区分维度，对不同类型或同一类型不同情况的上市公司适用不同的规范内容。这种区分可将公司所在市场板块、行业属性以及风险水平的差异作为基础。原因在于：不同层次的市场中，公司的成长周期、组织规模有所区别，投资者的风险偏好、承受能力也不尽相同；不同行业间，公司的经营模式、竞争格局和资本结构也存在显著差异；而同一层次市场或相同行业的上市公司之间，可能因其治理结构和盈利能力的差异而具有不同的风险水平和信息披露动机；这些差异决定了能够反映公司价值和风险的信息侧重有所不同。因此，对其适用不同的内容规范、形式要求进行立法和监管可以督促上市公司向投资者传递财务信息之外的非财务信息、历史信息之外的前瞻性信息、通用信息之外的特色信息，以此提高信息披露的有效性。并且事实上，这三种区分模式并非仅仅基于理论推理，实践中已有相应的制度安排和不懈探索。接下来，本章将在理论推演与实践考察的共同作用下探究上市公司信息披露差异化的表现形式。

第一节　不同市场间上市公司的差异化信息披露

市场经济的核心是交易，长期稳定的交易发生形成了市场经济，而市场建设则是为了满足交易的需要。① 交易因商品、交易金额、交易主体和交易方式的不同而分成不同层次，因此市场也呈现出多层次、体系化的样态。于资本市场而言，其有两个基本功能：其一，满足不同类型、不同规模、不同生命周期企业的不同融资需求；其二，满足多层次、多样化投资群体的投资需求，并为其证券流转交易和资本退出提供基本平台，以此保护投资者利益。据此，多层次资本市场体系作为市场结构优化的产物顺应而生。但不同国家间多层次资本市场的生成动力与演进路径有所不同，由此产成了不同的市场结构，在此之中各层次市场的功能定位也有差别，进而其信息披露也有差异化的表现。

一、多层次资本市场的生成机理及层次体系

（一）多层次资本市场的生成机理

为了满足不同市场主体多元化的投融资需求，资本市场提供了具有不同逻辑结构和运作特点的层次化、无缝隙的制度安排，通过不同层次市场之间的相互协调与配合，一套动态发展且稳定存续的完整体系得以生成，这也顺应了市场发展之需要。按照制度经济学的观点，一项制度的产生与发展并非随机进行的，而是遵循"诱致性制度变迁"和"强制性制度变迁"两种模式。② 前者是指现行制度安排被反

---

① 中央财经大学课题组：《多层次证券市场及证券交易场所法律制度完善研究》，载黄红元、徐明主编：《证券法苑》（第十卷），法律出版社2014年版，第285—318页。

② 参见柯武刚、史漫飞：《制度经济学：社会秩序与公共政策》，韩朝华译，商务印书馆2004年版，第74—76页。

复修正或被新的制度所取代,或由个人或群体,在响应获利机会时自发倡导、组织和实行新的制度安排。这种变迁是经济人在既定成本不变的前提下追逐更多利润的结果。后者是指政府通过行政权力和立法等外在手段强力推行或变革制度。① 按照这一理论分析,世界范围内多层次资本市场的生成轨迹大致也可以划分为这两种模式。虽然诱致性和强制性两种变迁模式都是被理论提炼后所呈现的"纯粹图景",实践中的样态远非抽象概念所反映的那样界限清楚,而且不同历史文化、政治体制和法制传统的差异决定了同一种变迁轨迹在不同国家和地区表现样态有别。但总体来看,不同模式下不同影响因素的作用程度不同。

一般而言,对资本市场层次分化产生影响的因素有三种:因素一,投融资需求的多元化发展。投资者作为市场经济人,会根据自身的风险偏好、投资能力、组织机构等因素来选择不同的投资品种。随着市场的创新发展,以各类机构投资者为核心的新型投资主体出现,他们具有雄厚的资本实力、掌握专业的分析方法,对风险管理和规避的能力增强,进一步加剧了证券产品需求的"异质"现象。一般而言,公众投资者中多数属于"风险回避型"或"风险中立型",而机构投资者会选择"风险偏好型",这种多元的现实需求使投资者成为资本市场层次分化的动力主体。与此对应,随着社会生产力的发展,产业分工更加细化,公司经营规模、治理结构和行业归属的不同决定了其内部资本结构各有差异。反映于融资需求中,他们的融资渠道、融资数量、融资结构也有差别。传统资本市场对其权益融资的理性抑制已经无益于资本配置效率的改进,因此公司在外部利益的驱动下开始寻找与自身融资需求相匹配的融资市场,这在很大程度上也激励着资本市场开

---

① 参见林毅夫:《强制性制度变迁与诱致性制度变迁》,载盛洪主编:《现代制度经济学》(下册),北京大学出版社2003年版,第253—279页。

始向层次区分的方向发展。因素二，政府助推的外部动力。在市场交易双方具有强烈的逐利需求之外，政府行为在资本市场分层发展中也起着重要作用。这些行为可能是通过政策导向（如扩张或收缩银行参与资本市场的范围、对高新技术企业给予优惠政策、直接参与风险投资活动等）来影响资本市场参与主体的行为模式，进而影响资本市场层次分化的演进路径；也可能通过市场立法或调整监管理念来改变市场主体参与交易活动的能力与模式，最终影响资本市场的规模和结构。因素三，其他因素的外在影响。除前述两种典型的影响因素外，资本市场层次分化还会受到经济水平、技术发展等多种非典型因素的影响。其中网络技术的发展和社会信用体系的建立是其中较为明显的两种影响因素。第一，信息网络技术的有效更新能够改善资本市场微观结构，改进投融资方之间的交易方式，提高交易效率，降低交易成本，使他们对多层次资本市场体系制度的创新做出较为积极的反应。第二，在信息不对称的情况下，完善的社会信用体系能降低资本市场交易的信息搜集和资信证明成本，为交易提供一种无形保障。

在上述三种影响因素中，第一种和第三种因素发挥主导作用的，可以称之为"诱致性变迁模式"，第二种影响因素发挥主导作用的为"强制性变迁模式"。据此，一般认为英美等国的多层次资本市场变迁轨迹为"诱致性变迁模式"，而以我国为代表的新兴资本市场则有着浓厚的"强制性变迁色彩"，这也是不同国家间多层次资本市场结构和功能定位存在差异的根本原因，为便于后文分析世界范围内主要资本市场中，不同层次市场间的信息披露标准及其差异化安排，接下来笔者先就这些市场的层次化结构和功能定位做简要介绍。

（二）多层次资本市场的结构体系及功能定位

从世界范围内资本市场发展的变迁历史及现状来看，多层次资本市场体系包括"集中与分散并存"（或称"全国市场＋区域市场""集中市场+场外市场")①的散状结构和"集中分层"的整合结构两种模式,下面笔者分别选取具有代表性的国家举例说明。

1. "集中与分散并存"的美国资本市场结构

美国资本市场的层次变迁基本遵循了典型的"诱致性变迁模式",其演进动力主要源于美国庞大的经济总量需求,中小高新技术企业的迅速发展,以及大量机构投资者、对冲基金的涌现,等等。当然本身开放的法律制度对区域性资本市场的发展也提供了有利条件。②在这一发展进程中,有些市场日渐衰败并退出历史舞台,有些则不断发展壮大,最终形成了如今四个层次的资本市场:全国性的主板市场(纽约证券交易所和美国证券交易所)、地方证券交易市场(芝加哥证券交易所、波士顿证券交易所等)、纳斯达克市场以及场外柜台交易系统和粉单市场等。但在每一层次的市场内部又可细分为多个层次。

(1)主板市场

全美的主板市场以纽约证券交易所(New York Stock Exchange,以下简称 NYSE)为代表,主要为治理结构完善、盈利能力稳定、业绩良好、运营规模较大的公司提供上市融资服务。为了稳固自身为成熟健康的企业提供融资服务并满足稳健型投资者投资需求的功能定位,主板市场制定了较高的上市标准和严格的信息披露规范。

NYSE 内部现分为三个市场层次,其中 NYSE 主板市场是继 1972

---

① OTC 市场是指不同于证券交易所的、分散化的证券交易市场,其交易多通过电话或其他电子方式来进行。随着信息产业的发展,场外市场已经发展成为泛指在所有证券交易所以外进行证券交易的场所,其概念的内涵得到了扩展,目前绝大多数观点都认为场内市场和场外市场的划分仅为物理层面的划分。国际证监会组织(IOSCO)认为,场外市场是一个分散化的市场,每笔交易都通过交易商以电话或其他电子途径达成,通过定制化或结构化的产品来满足不同风险偏好的投资者或交易商的投资需求。美国 NASDAQ 市场监管者认为,OTC 市场是一个分散化市场(相对于交易所市场),该市场通过电话和电脑将地理上分散的交易商联结在一起,是非上市股票或衍生产品的交易市场。参见 http://www.nasdaq.com/investing/glossary/o/o.t.c,最后访问时间 2018 年 11 月 20 日。

② 参见阙紫康:《多层次证券市场发展的理论与经验》,上海交通大学出版社 2007 年版,第 30—53 页。

年纽约交易所设立以来保留形成的市场，吸收市值较大的上市公司，以大型企业的股票和债券交易为主。①2005 年纽约交易所与全美电子证券交易所合并，进而成立了 NYSE Archipelago Exchange（以下简称 NYSE Arca），吸收高新科技类上市公司。2008 年 10 月，NYSE 完成了对美国证券交易所的收购，主要交易小盘股票、债券以及开放式基金和衍生品，命名为 NYSE Markets Limited Liability Company（以下简称 NYSE Mkt）。②

（2）创业板市场

在美国资本市场自下而上的发展历史中，并没有设立严格意义上的创业板市场。但一般认为纳斯达克市场（Nasdaq National Market，以下简称 NASDAQ）具有创业板市场的特征③，这主要得益于其上市门槛较低，吸纳了大量创业企业。NASDAQ 内部又分为三个层次：纳斯达克全球精选市场（Nasdaq Global Select Market，以下简称 NGS）、纳斯达克全球市场（Nasdaq Global Market，更名以前被称为："纳斯达克全国市场"，以下简称 NGM）和纳斯达克资本市场（Nasdaq Capital Market，更名以前被原称为："纳斯达克小型股市场"，以下简

---

① NYSE 主板市场是纽交所成立以来延续至今的板块，其历史可以追溯到 1792 年《梧桐树协议》，并于 1934 年向 SEC 正式注册为全国性证券交易所。参见乔尔·赛里格曼：《华尔街变迁史——证券交易所委员会及现代公司融资制度的演化进程》，田风辉译，经济科学出版社 2004 年版，第 218 页。NYSE 主板市场上市值低于 7500 万美元的企业比例仅有 2.88%。参见 http://www.nasdaq.com/screening/，最后访问时间 2018 年 11 月 20 日。

② NYSE MKT 市场的前身是美国证券交易所，1998 年美国证券交易所和纳斯达克交易所合并成立 NASDAQ-AMEX 集团。2008 年之后，美国证券交易所被纽交所收购，经过两次更名后最终确定。参见 NYSE Euronext Completes Acquisition of American Stock Exchange, Oct 1st, 2008, URL: http://www1.nyse.com/press/1222772889985.html，最后访问时间 2018 年 11 月 20 日。在 NYSE MKT 上市的公司中市值低于 7500 万美元的企业有 49.33%。

③ 在 2006 年以前，NASDAQ 被称为"全美证券交易商协会自动报价系统"，是全美证券商协会（NASD）下的股票交易平台。其成立之初的目的仅是为了帮助一些零星散布在各地、流通性不足、效率低下而无法在 NYSE 主板上市的股票提供小型的交易平台。2000 年开始脱离 NASD 独立成为一家公司，2006 年 1 月 6 日，SEC 核准纳斯达克登记成为全国性证券交易所。参见 http://www.szse.cn/main/files/2010/05/06/291711140849，最后访问时间 2018 年 11 月 21 日。

称 NCM）。其中 NGS 是专门为蓝筹股的流通创建，该市场的上市标准堪称全世界资本市场的最高标准，在财务、流通性以及公司治理等方面的要求都高于包括 NYSE 在内的其他所有交易所；其次是 NGM，该市场中交易的股票规模大、活跃性较强；剩下的则归入 NCM，专为成长期公司股票的流通提供平台，其上市标准在财务指标的要求上没有前两者那么严格，但所要求的公司治理标准机会一样。

（3）场外市场

场外市场其实是最古老、最悠久的资本市场。在美国，广义的场外市场包括所有权益类证券（包括股票、可转债、权证、存托凭证）、债券、衍生产品等交易的市场。场外市场的上市程序简单且上市费用较低，适合小规模但风险较高的小型企业融资，相应的投资者也以小基金与风险偏好型的个人投资者为主。本书在此讨论的场外市场仅限于狭义，即以权益类证券交易为主的场外市场（Over-The-Counter，以下简称 OTC 市场）。原来的 OTC 市场主要分为"公告板市场"（Over The Counter Bulletin Board，以下简称 OTCBB）和"粉单市场"（Pink Sheets Market）。①

1996 年 6 月，SEC 强制纳斯达克资本市场为那些尚未达到其上市标准的其他柜台股票交易开设的场外电子公告板，OTCBB 报价系统也由此产生。该系统向投资者提供的服务仅限于未上市公司的股票信息、交易价格和交易量，但不会提供撮合自动交易或执行服务。虽然该系统曾经一度是美国最活跃的场外交易平台，但在 2007 年由美国金融业

---

① 美国的粉单市场是全国范围内最早的有组织的证券场外交易市场，于 1904 年建立，为在 OTC 挂牌的公司提供交易平台。之所以称为"粉单"（粉红单）是源于最初的报价形式，即在粉红色的纸张上手工刊印证券价格、交易量和信息。该市场于 2007 年被一家私人公司 OTC Markets Group 市场收购，将其分为由高到低的三个层次：OTCQX（该市场挂牌设有财务门槛，以保证高质量的定位）、OTCQB（该市场挂牌没有财务门槛，但要求公司向 SEC 注册为报告公司）、OTC Pink（该市场挂牌既没有注册要求，也不设任何门槛，但按照所披露的信息数量和质量，又可以细分为及时性信息披露型、有限信息披露型、完全无信息披露型）。

监管局（FINRA）接管后，该系统内挂牌公司的数量急剧减少[①]，这一方面是由于受到全球金融危机的影响致使整个市场活跃度下降，但更重要的原因在于，当市场交易的普遍模式由纸质交易演变为公开的电子交易平台以后，OTCBB 仍然只是一个会员报价媒介，如果要买卖报价公司的股票，做市商还需通过电话与交易双方沟通，因此，交易效率大打折扣。

原粉单市场是 OTC 市场最底层的一级报价系统，挂牌公司通常都是规模很小且公众持股数量有限、流通性很低的公司。20 世纪 90 年代以前，市场每周对交易公司进行纸上报价，1990 年以后，美国全国报价局推出每日更新的粉红单电子版，并通过市场数据零售终端发布。此时在粉单市场上进行股票交易的公司也无需向 SEC 提交财务报表，更无须公开披露信息，所以交易风险较高。

但自 2007 年以后，OTC 市场逐渐整合变革，将数千家挂牌公司按照信息披露从严到松的管控依次分为 OTCQX、OTCQB 和 OTC Pink 三个层次。其中 OTCQX 市场面向已在境外上市的企业或发展成熟的银行，在此进行股票交易的公司需同时满足信息披露和财务水平的要求。OTCQB 属于中间层次，要么向 SEC 申请注册并履行定期报告义务，要么是属于银行业监管的金融机构。OTC Pink 是美国场外交易较低层次的市场，几乎所有类型公司的股票都可自愿交易。当然，市场管理者为便于向投资者提示风险，也会根据挂牌公司的信息披露质量和数量将其区分为正常状态的信息披露、有限信息披露和无信息披露三种状态。此外，挂牌公司在 OTC 市场的三层之间可以上

[①] 20 世纪末，OTCBB 曾繁盛一时，在该系统报价的公司最高达 6000 多家，股票日均交易量达到历史最高的 25 亿美元。但随着 2002 年萨班斯法案的实施以及 OTC 市场报价系统的冲击，OTCBB 市场交易量受到很大冲击，在 2011 年、2012 年和 2013 年股票数量分别只有 2456 只、1185 只、859 只，做市商数量也分别从 106 家下降到 86 家进一步下降到 65 家。参见王啸：《美国资本市场转板机制的得失之鉴——兼议多层次资本市场建设》，载黄红元、徐明主编：《证券法苑》（第十卷），法律出版社 2014 年版，第 81 页。

下转板，在市场认可时 OTCQX 的挂牌公司也可升级到纳斯达克等市场上市。

2. "集中分层市场"一：英国资本市场的层次结构

英国多层次的资本市场几乎是在一个证交所内部所反映的。英国伦敦证券交易所（London Stock Exchange，以下简称 LSE）现为世界第四大交易所，为满足不同规模企业的筹资需要，近年来市场分层改革十分频繁，在内部设立了多个不同层次的股票市场，结构较为复杂，主要包括主板市场和选择性投资市场。

（1）主板市场

主板市场为那些经英国金融服务局（Financial Services Authority）批准正式上市的国内外公司提供交易服务，按上市标准高低的不同，又可分为高级市场（Premium）、标准市场（Standard）和高成长（High Growth Sector）板块。高级市场的上市标准较为严格，适用超欧盟监管标准（Super-Equivalent to the European Standards），也即除了遵守欧盟《证券交易所上市准入及信息披露管理》以外，还要受到英国上市管理局（UK Listing Authority，英国金融服务局的下属机构）的监管，适合融资规模大、运作规范的海内外公司；标准市场也对海内外公司同时开放，上市规则比高级市场稍低，交易的产品类型包括股票、债券、衍生品和全球存托凭证等；高成长板块于 2013 年 4 月新设成立，上市标准较前两者更低，适合许多发展初期的高新技术企业。①标准市场和高成长板块都只受欧盟标准监管，相比高级市场其上市标准和信息披露均较为宽松。

（2）选择性投资市场

选择性投资者市场（Alternative Investment Market，以下简称 AIM）

---

① 参见 http://www.londonstockexchange.com/prices-and-markets/markets/prices，最后访问时间 2018 年 11 月 21 日。

是 LSE 在 1995 年建立的市场①，其定位于为中小型规模但快速成长的公司提供融资交易平台。作为创业板市场，AIM 的市值仅次于 NASDAQ，位居世界第二。在 AIM 交易的证券不属于正式上市的证券，LSE 可以按照自律监管规则对 AIM 上的上市公司进行监管。但 AIM 具有独立于主板的上市程序、监管方式和信息披露制度。

3. "集中分层市场"二：德国资本市场的层次结构

德国法兰克福交易所（Frankfurt Stock Exchange，以下简称 FWB）的市场结构与 LSE 非常相似，也依次分为高级市场（Prime Standard）、一般市场（General Standard）和初级市场（Entry Standard）。其中高级市场与一般市场适用欧盟法规，其上市标准完全相同，但建立之初二者的定位有所差别。高级市场定位于吸引更多的外国投资者，增加交易量，提高投资者信心；而一般市场则为普通企业提供成本相对较低的上市渠道。② 初级市场系在 2005 年针对中小板块公司融资而建立，该板块为中小企业提供比一般市场更为简便快捷、成本低廉的上市途径，企业只需满足交易所的标准就可以上市（而非像一般市场需要达到欧盟监管的标准），尤其适合初创企业和中小型企业。③

4. "从分散发展到集中整合"的日本多层次资本市场

在 2000 年以前，日本资本市场的发展路径基本借鉴美国模式，即以东京证券交易所（Tokyo Stock Exchange，以下简称 TSE）为主，共有分散的八大证券交易所④，且每个交易所都先后开设创业板市场。其

---

① AIM 的前身是"未挂牌证券市场"（USM），USM 在设立之后面临欧盟针对证券市场所颁布的一系列法令的实施，这些法令的实施使 USM 的上市标准与主板相近，因此其模糊的定位使原本应有的优势逐渐消失。伦敦交易所针对 USM 制度设计的缺陷进行了相应的调整和制度创新以后，AIM 才得以成立。

② 截至 2014 年 10 月 31 日，高级市场和一般市场分别有上市公司 322 家和 198 家，市值分别为 12490 亿美元和 2671 亿美元，初级市场有 180 家上市公司，市值为 24 亿美元。参见 http://deutsche-boerse.com/dbg/dispatch/de/kir/dbg_nav/home，最后访问时间 2018 年 11 月 21 日。

③ 参见 http://de.xinhua08.com/gsss/，最后访问时间 2018 年 11 月 21 日。

④ 在 2007 年交易所整合运动开始以前，日本的六大证券交易所分别为 TSE、大阪证券交易所、加斯达克证券交易所、福冈证券交易所、名古屋证券交易所、札幌证券交易所。

中加斯达克交易所（Japan Association of Securities Dealers Automated Quotations，以下简称 JASDAQ）、TSE 的 Mothers 板块和大阪证券交易所的 Hercules 板块是日本最主要的创业板市场。① 自 2000 年开始，日本资本市场中出现了交易所并购的浪潮，这一浪潮持续至今。② 目前 TSE 所为日本规模最大的证券交易所。③

TSE 内部又分为三个基本板块：市场一部、市场二部以及 Mothers。按照这些板块的上市标准以及吸纳的上市企业规模，可以将市场一部划分为主板市场，专为股票流动性高、在全球范围内开展业务的大盘蓝筹企业挂牌；市场二部为中小板市场，为中型企业挂牌；④Mothers 市场为创业板市场，主要为拥有独特的先进技术和技能，并具有成长潜力的新兴成长企业上市服务。

除了这三个板块之间具有相对明晰的层次区分之外，TSE 内部还存在两个特殊的板块：JASDAQ 和机构投资者市场（Tokyo Pro）。加斯达克市场属于跨越行业、大中小企业都存在的市场，其内部又划分为针对较小规模企业的加斯达克成长市场（Jasdaq Growth）和针对较大规模企业的加斯达克标准市场（Jasdaq Standard）。机构投资者市场由 Tokyo AIM 交易所发展而来，目前专门针对专业投资者。在定位方面，JASDAQ 与 Mothers 有相似之处，均以新兴成长企业为服务对象。但 JASDAQ 历史上曾属于原大阪证券交易所，是一个相对独立的现货

---

① 自 2008 年以来日本 82% 的 IPO 都集中于这三个市场。
② 2000 年 3 月广岛、新潟证券交易所与东京证券交易所合并，2001 年 3 月京都证券交易所与大阪证券交易所合并，2004 年新设立新兴企业趋向的 JASDAQ 证券交易所。2010 年 4 月，大阪交易所和 JASDAQ 交易所吸收合并，大阪交易所存续，并在大阪交易所内新增 JASDAQ 市场。
③ 2013 年以前，日本全国性的证券交易所包括东京证券交易所和大阪交易所，前者是现货交易市场，后者是衍生品交易市场。2013 年初，原东京证券交易所和大阪证券交易所合并，成立日本交易所集团。
④ TSE 的市场二部早在 1961 年 10 月就已成立，其设立的初始动机是希望借此取代场外市场。之后，市场二部逐渐转向为中小企业提供服务，特别是进入 90 年代以后，日本开始推动以服务中小企业，尤其是高新技术企业为导向的证券市场多层次化发展。

交易板块。2013年东京证券交易所和大阪证券交易所合并后，现货市场被统一安排在东京证券交易所，JASDAQ因而成为TSE内部相对独立的层次。

综览上述内容可以看到，之所以说这些国家多层次资本市场的发展历程具有代表性，依据在于，它们呈现出多层次资本市场构建的三种不同路径：第一，美国资本市场的层次化发展是自下而上的发展路径，呈现"全国市场+区域市场"的辐射结构，从主板市场向中小板、创业板依次延伸；第二，英国和德国的资本市场层次化发展分别为自下而上和自上而下的发展路径，但它们都遵循从外而内的整合结构，在交易场所合并的基础上进行分层；第三，日本资本市场的层次化发展较为特殊，几乎是对前两种路径的综合，经历了从"区域市场分散"到"从外而内"整合的转型。由此也看到，多层次资本市场体系的建立和完善没有所谓的普适模式，能否取得成功关键还在于各个制度之间的连贯性、衔接性，以及充足的企业资源。

二、域外不同市场间上市公司信息披露的差异化安排

我们看到，资本市场层次化发展的诱致性动因是满足市场主体多样化的投融资需求，不同层次市场构建之初的功能定位也因此不同，监管方式、上市（或挂牌）标准和信息披露规范的差别化待遇是其功能区分的重要表现和实现路径。因此，接下来笔者以上述四国资本市场中的主板市场信息披露标准为基础参照，对其创业板市场和场外市场的信息披露标准进行比较分析，以检验它们之间是否存在差异化安排。

（一）美国多层次市场中信息披露的差异化安排

美国资本市场中颇具特色的信息披露制度安排并非直接体现于不

同层次的市场之中,而是针对不同规模的上市公司制定了差异化的信息披露规范,符合特定条件的公司可以选择适应这些差异化规范。研究中,一般将这两种信息披露规范分别命名为:常规型信息披露规范和定制型信息披露规范。

1. 常规型信息披露规范

美国发行信息披露制度中,需要向 SEC 提交发行登记申请的情况包括两种:其一,所发行的股票需要在证券交易所上市交易;其二,所发行的股票需要在 OTC 市场上柜交易,且股权持有者超过 500 人,总资产超过 1000 万美元。通常来看,所有公司公开发行股票时都可以通过填写 S-1(Form S-1)、S-2(Form S-2)、S-3(Form S-3)三种表格进行登记,这些表格的内容涉及招股说明书和重要的额外信息。①

在美国持续性信息披露制度中,纽约交易所的 NYSE 和 NYSE MKT 分别依据《NYSE 上市公司指南》(NYSE Listed Company Guides)和《NYSE MKT 上市公司指南》(NYSE MKT LLC Company Guides)来进行。② 从披露内容来看,NYSE 主板和 NYSE MKT 中定期披露和重大事项披露的内容大体一致。第一,定期披露的形式都包括年度报告(表格 10-K)、半年度报告(表格 10-Q)和季度报告(表格 8-K)。对于定期披露的财务信息,NYSE 主板和 NYSE MKT 都要求上市公司定期在 SEC 的 EDGAR 数据分析检索系统(Electronic Data Gathering, Analysis, and Retrieval System)上公开披露年报、半年报和季度财务报表。③ 对于重大事项的披露,两个板块分别遵照《NYSE 上市公司指

---

① 招股说明书的主要内容包括:公司业务,公司资产,公司竞争状况,管理层、董事的姓名身份及薪酬,公司与其管理层、董事之间的重大交易,公司或其管理层、董事所涉及的重大法律诉讼程序,证券发行计划及募集资金的用途。

② 参见 https://www.nyse.com/publicdocs/nyse/regulation/nyse/timelyalertmemo,最后访问时间 2018 年 11 月 23 日。

③ EDGAR(Electronic Data Gathering, Analysis, and Retrieval System),即电子化数据收集、分析及检索系统。美国 SEC 自 1996 年起规定所有的信息披露义务人(美国上市公司)都必须进行电子化入档。

南》第 203 条和《NYSE MKT 上市公司指南》第 401—404 条的规定，但其实两个板块中需要披露的重大事项基本一致（如下表 3-1 所示）。

表 3-1　NYSE 主板和 NYSE MKT 持续信息披露内容

定期信息披露	1. 年度财务报告 10-K
	2. 中期财务报告
	3. 季度财务报告表格 10-Q
重大事项披露内容	1. 经营目的变更
	2. 公司并购和收购企业
	3. 购买或处理重大资产
	4. 现金或股票分红、股票分割
	5. 利息支付
	6. 召开股东大会
	7. 股票回购
	8. 新产品或新发明
	9. 与客户或供应商签署的重要合同
	10. 控制权或管理层变动
	11. 更换会计师

资料来源：根据《NYSE 上市公司指南》和《NYSE MKT 上市公司指南》中有关持续性信息披露的要求整理得出。

不过由于在 NYSE MKT 板块上市的公司多属于小规模融资公司，因此多适用定制型信息披露规范。

在 NASDAQ 上市公司的信息披露规则与 NYSE 和 NYSE MKT 的上市公司相比也没有特殊之处。同样要披露定期报告（年报、半年报和季报）和临时报告，只是上市公司除了履行 SEC 要求的发行前及发行后的信息披露义务外，还应按照 NASDAQ 提交其要求的任何额外信息或文件资料。①

2. 定制型信息披露规范

美国自 20 世纪 80 年代起开始关注小规模企业在资本市场的融资成本问题。为了降低这类公司信息披露的合规负担，促进他们在资本市场融资的积极性，同时减少信息披露监管成本，美国制定了专门适用于小企业信息披露的 S-18 表格，该表格中所记载的披露事项与大规模公司的披露事项相比有所减少。此后 1992 年，SEC 制定了 S-B 条例（包括 SB-1 和 SB-2）来取代 S-18 表格。该条例专门适用于年收入在 2500 万美元以下且公众流通股金额在 2500 万股以下的"小规模发行人"（small business issuer）。2005 年 3 月 23 日，经 SEC 批准成立了"小型公众公司咨询委员会"（The Advisory Committee on Small Public Companies），该委员会全面研究如何减轻小型公众公司上市融资过程中的监管负担，特别是遵守联邦信息披露规则所付出的成本与所获收益是否匹配。②

2008 年以后，SEC 又陆续规定属于"较小报告公司""非加速申报公司""新型成长型公司"的三类公司都可以适用定制型信息披露规则。这样适用定制型信息披露的公司范围大大拓宽，据统计大约有 4976 家上市公司从中受益。同时，将条例 S-B 的规定分别并入 S-K 与 S-X 条例。并在适用定制型信息披露公司的登记文件及定期报告方面

---

① 比如，NASDAQ 管理者认为有必要时，可以向上市公司要求提供任何额外的信息或文件资料，即使没有公开披露的信息也包含其中，而且实践中这些信息的范围往往超过 SEC 及其他监管机关所要的信息范围。如果上市公司没有在合理期限内提交该信息，或者所提交的信息中含有大量误导性陈述，或遗漏重大信息时，该公司可能被取消持续上市资格。此外，如果发生特殊市场动态或对股票交易可能产生重大影响的事件时，应当及时全面地将相关信息向 NASDAQ 报告。参见 NASDAQ Listing Rules, 5250 (d)(3); NASDAQ Listing Rules, 5250 (d)(4); NASDAQ Listing Rules, IM-5250-1。

② 参见 Final Report of the Advisory Committee on Smaller Public Companies to the United States Securities and Exchange Commission (April 23), 2006, p. 1。

做了全新规定。

综上所述，目前可以进行定制化信息披露的公司包括：（1）较小报告公司（small reporting companies），指公众持有的普通股价值少于7500万美元的公司；对于无法计算公众持有的普通股价值的公司，则以上一财政年度年收入少于5000万美元指标代替。（2）非加速申报公司（non-accelerated filer），指市值少于7500万美元的公司。[①]（3）新型成长型公司（emerging growth companies），最近一个财政年度的总收入不超过10亿美元的公司。[②]

虽然这些公司在公开发行时和普通上市公司一样需要按照要求（填写表格S-1）向SEC提交登记文件，公开发行以后也要定期披露年度报告（填写表格10-K），季度报告（填写表格10-Q）以及特别披露事项（填写表格8-K），但在填写以上表格时可以根据自身情况和需要，逐项自愿选择是否适用定制型信息披露规则，这种量身定做的监管规则便是定制型监管方式的精髓所在。根据SEC的规定，凡是符合适用定制型信息披露规则的上市公司在申报各项表格时可以享受以下的特殊待遇。详见表3-2所示：

表3-2 美国定制型信息披露监管规范

需要披露的基本内容	可以自主选择的披露内容
业务经营主要情况 （S-K第101项）	1. 可对公司业务开展情况进行简化描述 2. 商业发展前景预测的跨度时间为3年（普通公司为5年）
公司普通股的市价与股利 （S-K第202项）	可不提供业绩图表

[①] 加速申报公司（accelerated filer），市值大于7500万美元，小于7亿美元的公司；大型加速申报公司（large accelerated filer）是指市值大于7亿美元的公司。

[②] 公司满足下列任何一个条件时，EGC资格就丧失：（1）公司年收入超过10亿美元后的第一个财政年度；（2）公司实施IPO五周年后的第一个财政年度；（3）公司在之前三年发行了超过10亿美元的非可转债；（4）公司属于大型加速申报公司。

续表

需要披露的基本内容	可以自主选择的披露内容
财务数据 （S-K 第 301 项）	可选择不披露
与公司经营有关的市场风险 （S-K 第 305 项）	可选择不披露
公司高管薪酬 （S-K 第 402 项）	1. 可以只披露包括 CEO 在内的其他两名高管薪酬（普通上市公司需披露 CEO、CFO 以及其他三名高管的薪酬） 2. 薪酬汇总表的披露时间为 2 年（普通公司需披露 3 年的薪酬汇总情况）；无须披露决定薪酬待遇的讨论情况 3. 涉及薪酬概况和流通股发行情况的七项内容中，仅需要提供三个 4. 可以选择是否在"叙述性信息"中予以披露① 5. 董事薪酬表中无须披露股权授受日的公允价值
与公司发起人、控制人等进行的关联交易（S-K 第 404 项）	1. 可以不公开披露公司内部关于关联交易的批准程序 2. 交易总额低于公司总资产的 1% 或不足 12 万美元时无须披露
公司治理情况 （S-K 第 407 项）	1. 无须披露薪酬委员会成员的兼任情况 2. 无须披露薪酬委员会的议事报告 3. 首次公开发行时向 SEC 提交申请登记并经其确认有效，至第一次年报披露前，可以不披露审计报告
前景预测、风险因素和净资产收益率 （S-K 第 503 项）	1. 发行人发行债券时无须披露"盈余固定比率"，发行优先股时则无须披露"合并固定支出"等信息 2. 在 Form-10、10-K、10-Q 中无须提供该项的风险因素披露
收益分配（S-K 第 504 项）	无须披露财务报告的管辖范围

资料来源：深圳证券交易所综合研究所研究报告：《境外创业板上市公司监管制度研究》，（2010.02.24，深圳综研字第 0175 号），http://www.szse.cn/main/files/2010/05/06/291711140849.pdf，最后访问时间 2018 年 11 月 23 日。

注：①叙述性信息披露（narrative disclosure）是指年度报告中财务信息以外的所有叙述性信息，其中"管理层讨论与分析"是叙述性信息披露核心。

毫无疑问，对于规模较小或新型成长型的公司来说，采用定制型信息披露规则将有助于他们降低信息披露合规成本和审计成本，相应增强其在资本市场融资的竞争能力。与此同时，小企业在适用定制型信息披露规则时可以根据自身情况及投资者的需求选择不同的信息披露内容，当然，必要时他们也可以不选择适用定制型信息披露规则而同其他上市公司一样，履行全面披露信息的义务。这种留有自愿选择空间的信息披露规则也能够有效避免因披露简化而造成信息不充足问题。从美国上市公司的信息披露实践来看，上市公司需要通过有效的信息披露来提升投资者关系，以保证公司股票在市场上的充分流动性。同样，NASDAQ 的做市商也会主动为客户公司提供相关分析报告，以帮助投资者进一步了解上市公司。从这一点来说，针对小企业的披露简化并不会必然导致信息披露的不充分。

（二）英国多层次市场中信息披露的差异化安排

前面提到，LSE 的市场分层结构较为复杂，与此相应，其信息披露监管体系也很复杂，受到欧盟法规和英国本土法律的双重监管。总体来看，英国资本市场的信息披露规范也可以分为四个层次：第一层次是以《2006 年公司法》《金融服务与市场法》为代表的基本法律；第二层次为欧盟指令以及英国金融服务局根据欧盟指令而制定的各项规范，包括《招股说明书规则》《披露规则与透明度》等；第三层次为 LSE 制定的相关规则；第四层次为相关会计准则。不同层次的市场内适用不同的信息披露规范。[①]

发行人首次上市信息披露中，在高级市场上市的必须向英国上市管理局（UKLA）提交招股说明书，并向 LSE 提交根据《上市规则》所制作的申请书；[②] 但如果在标准市场和高成长板块上市的则只向英国上市管理局提交招股说明书即可。[③] 如在 AIM 上市，则按照证券交易所制定的《AIM 上市规则》中有关规定制作招股说明书或提交申请文

[①] 深圳证券交易所综合研究所研究报告：《境外创业板上市公司监管制度研究》（2010.02.24，深综研字第 0175 号），参见 http://www.szse.cn/main/files/2010/05/06/291711140849.pdf，最后访问时间 2018 年 11 月 23 日。

[②] 参见 http://www.londonstockexchange.com/companies-and-advisors/aim/aim/.htm，最后访问时间 2018 年 11 月 23 日。

[③] 参见 http://www.londonstockexchange.com/traders-and-brokers/rules-regulations/rules-regulations.htm，最后访问时间 2018 年 11 月 23 日。

件①，这些披露文件都由其保荐人编制。

在上市以后的持续性信息披露中，各层市场均要求上市公司发布经过审计的年报和半年报（半年报没有强制要求审计），以及不定期报告，但不要求披露季报。高级市场在公司治理、重大交易、关联方交易等方面的信息披露要求要比其他层次更高。标准市场中的上市公司重大交易与关联方皆无须公开披露，AIM 中上市公司的重大交易也无须公开披露，但高成长板块市场对这方面的要求反而较高。此外，主板（高级市场、标准市场和高成长板块）市场中上市公司的增发或再融资超过市值 10% 时需要根据《上市规则》进行披露，而 AIM 上市公司增发如果不涉及公开发行并不需要向交易所提交文件或招股说明书，非常便于企业进行再融资。对此，笔者在表 3-3 中予以总结：

表 3-3　LES 主板和 AIM 上市后的持续性信息披露

市场分层	主板			AIM
	高级市场	标准市场	高成长板块	
定期披露	经过审计的年报和半年报			
公司治理	遵循《公司治理联合准则》	报告其是否遵循所在国家的公司治理准则	报告其是否遵循所在国家的公司治理准则	如果遵循某一公司治理准则，则需要披露；如果没有遵循，则需要披露现行管理安排
重大交易	依照交易规模和性质分别进行披露	无要求	按照交易规模和性质提交相应报告	超过 10% 市值的重要交易需要在交易达成时立即披露

---

①《AIM 上市规则》由 LSE 制定，该规则涵盖了公司法、金融服务与市场法、欧盟指令中有关上市公司信息披露的所有要求，是 AIM 上信息披露制度规范的核心。其中指出，除非依据英国金融服务局颁布的"招股说明书规则"需要制作招股说明书，否则申请人根据 AIM 规则制定的 AIM 申请文件即可。参见 AIM, Joining AIM-A Professional Handbook, edited by London Stock Exchange, p.13, http://www.londonstockexchange.com/companies-and-advisors/aim/documents/joining-aim，最后访问时间 2018 年 11 月 23 日。

续表

市场分层	主板			AIM
	高级市场	标准市场	高成长板块	
关联交易	须发布公告、通知股东并获得股东同意	无要求	超过5%市值以上的关联交易需要进行披露	超过5%市值以上的关联方交易需要立即披露
说明书/增发文件	增发额大于市场交易市值10%的，按照《说明书指令》条款制作相应的招股说明书			仅在进行《说明书指令》下定义的公开发行时，需要提供招股说明书

资料来源：根据LSE《上市规则》中的相关要求整理得出。

英国一直坚持探索差异化信息披露的实践，呈现出按照公司规模进行差异化信息披露的趋势，公司规模越大对信息披露的要求越高。如此一来，减轻了对AIM上市公司信息披露的要求。比如2018年3月，英国最新颁布的AIM Rules for Companies中对AIM公司的信息披露做出了特殊规定。允许公司采取网络媒介的方式披露信息，但要求网络信息至少保存五年。[①] 明确规定，一旦交易价值高于公司市值的10%时，在交易完成之日起就应当披露信息。这与主板市场上由公司自主选择披露重要信息的规定有所不同。[②]

（三）德国多层次市场中信息披露的差异化安排

在德国法兰克福证券交易所内的三层市场中，高级市场和一般市场完全适用欧盟证券监管相关规范，初级市场则适用交易所内部制定的监管规则。在首次上市的信息披露中，三个市场都需要向德国金融监管局提交招股说明书，但在其他要求上存在不一致的内容，笔者在表3-4中示意：

---

① 参见London Stock Exchange, AIM Rules for Companies (March 2018), p.12, http://www.londonstockexchange.com/companies-and-advisors/aim/publications/rules-regulations/aim-rules-for-companies-march-2018.pdf，最后访问时间2018年11月25日。

② 实质性交易是指在任何类别测试中超过10%的交易，它包括AIM公司的子公司进行的任何交易，但不包括正常业务过程中的任何收益性交易以及不涉及AIM公司或其子公司固定资产变更的融资交易。

表 3-4　法兰克福证券交易所首次上市的信息披露要求

	初级市场	一般市场／高级市场（两者相同）
招股说明书	由德国金融监管局审查批准的招股说明书	
其他要求	与一个法兰克福证券交易所的交易成员公司（资本超过73万欧元的信用机构或金融服务机构）合作提交的入市申请	1. 最新公司章程的公证件 2. 商业注册登记簿最新摘录的公证件 3. 三个年度的财务报告 4. 关于商事的决议证明，包括股东大会的备忘录、董事会和监事会的决议等证明 5. 发行独立的股票凭证

资料来源：http://de.xinhua08.com/，最后访问时间2018年11月25日。

在持续性信息披露中，初级市场的信息披露要求较低，只需要披露年报和半年报，并可以按照德国财务标准提供报告；而一般市场和高级市场受到欧盟监管，披露要求相对较高，需要使用国际财务报告准则，在年报和半年报以外，高级市场还被要求披露季度报告，并且每年至少举办一次公司情况分析师会议，详细内容见3-5表列示：

表 3-5　法兰克福证券交易所持续性信息披露要求

	初级市场	一般市场	高级市场
年度财务报表	年度财务报表（按德国财务标准）	需要提供满足国际会计准则要求的财务报告（按国际财务报告准则）	需要提供满足国际会计准则要求的财务报告（按国际财务报告准则）
中期报告	半年度财务报告	半年度财务报告	半年度财务报告
季度报告	无要求	无要求	在会计报告期结束后的两个月内发布第一季度和第三季度的会计季度报告
分析师会议	无要求	无要求	每年至少举办一次
其他事项	重要信息的公开发布		
	公司最新情况的简要介绍		
	公司重大事件时间表		

资料来源：http://de.xinhua08.com/，最后访问时间2018年11月25日。

（四）日本多层次市场中信息披露的差异化安排

目前，日本资本市场的基本结构为：全国性交易所市场（TSE和大阪交易所）、地区性交易所市场和场外交易市场。除了这三个板块可以相对明晰地划分层次以外，TSE内部还存在两个特殊的板块：JASDAQ和Tokyo Pro。JASDAQ属于跨越行业、大中小企业都存在的市场，其内部又划分为针对较小规模企业的JASDAQ Growth和针对较大规模企业的加斯达克标准市场。机构投资者市场由Tokyo AIM发展而来，目前仅吸纳机构投资者作为投资主体。在融资企业的定位方面，JASDAQ与Mothers有相似之处，均以新兴成长企业为服务对象。但JASDAQ历史上曾属于原大阪证券交易所，是一个相对独立的现货交易板块。2013年东京证券交易所和大阪证券交易所合并后，现货市场被统一安排在TSE，JASDAQ因而成为TSE内部相对独立的层次。

在TSE不同层次的资本市场中，市场上市一部、二部的上市标准最高，其他市场提供未达上市第一、二部的上市标准的企业在此挂牌交易，在首次上市信息披露中，不同层次市场间的要求基本相同。但在后续的持续性信息披露中，除上市一部、上市二部以外的其他市场（Mothers、JASDAQ、Tokyo Pro）因为具有成长性、流动性和迅速性的特点，也相应有更为严格的信息披露要求。市场一部和市场二部只需要定期披露年报和半年报，但其他市场在披露年报和半年报的基础上，还需披露第一、第三季度的业绩，此外每年至少要召开两次以上的公司说明会。除定期信息披露以外，各板块市场都规定了临时信息披露制度，基本内容相似，通过临时信息披露传递系统向投资者公开。

由于强制披露的定期报告和临时报告中只能规定一些固定不变的信息披露内容，这些内容只能在最低限度内披露信息，而不能充分反映公司在复杂多变的市场环境中的真实运作情况。因此，立法还特别鼓励在Mothers、JASDAQ和Tokyo Pro上市的公司能够自愿披露一些投资者所关注的其他信息，这些信息内容具有很大弹性，没有硬性要求。在披露方式上可以书面方式进行，也可以召开会议，如决算说明会、公司设施参观会等。

（五）简单评析

通过上文分析我们看到，美、英、德、日四国不同层次的资本市场之间，其信息披露差异化的程度和方式也存在区别。对美国而言，整个资本市场处于联邦SEC的统一监管之下，也没有专门意义上的创业板市场，企业无论是在NASDAQ还是在NYSE上市，都必须依照联邦证券法履行相同的信息披露义务。但一般而言，在NYSE上市的公司较NASDAQ中的公司来说规模更大，发展更加成熟，因此不同规模公司之间的差异化信息披露在两个市场上也会间接体现。

与美国情况类似的是日本，Mothers、JASDAQ以及Tokyo Pro的发展定位都在于为中小企业提供融资服务，并且可以为主板市场提供后备资源。但由于具有统一的证券监管法规，特别是2006年《金融商品交易法》出台后，不同层次的资本市场间仅在披露频次和投资者关系引导两方面存在差异。但总体上，上市标准低的市场其信息披露标准较高。

相比之下，在英国和德国不同层次的资本市场间，信息披露标准的差异就比较明显。LSE所各层次信息披露标准从低到高依次为：AIM、标准市场、高成长板块、高级市场。与之相似的是FWB的做法，即上市标准较高的市场信息披露标准也更加严格，这种方式与FWB的调整思路和历史演变紧密相关。如前文所述，为了重振资本市场投资者的信心，2003年德国专门以信息披露的不同标准重新调整资本市场结构，将原有上市公司并入"高级市场"，并制定高于一般市场的透明度标准，以满足国际投资者所需的信息，增加交易量；而"一般市场"和"初级市场"则留作为普通企业提供成本较低的上市渠道。

境外资本市场的实践表明，虽然上市公司信息披露制度在根本上都要坚持真实、准确、完整、及时、公平的基础原则，但要做到真正落实，还必须结合特定层次市场中信息供给者的特殊性进行变通处理。尤其以创业板市场和场外市场为代表的新兴市场，其发展形态呈现出复杂性与多样性，这种差异化信息披露标准的背后，反映了根据市场发展阶段、市场功能定位而进行不同立法侧重和监管方式的灵活理念。

三、我国不同市场间上市公司信息披露的现状评析

我国建立"多层次资本市场"的理念最早在党的十六届三中全会中提出，到 2004 年国务院在《关于推进资本市场改革开放和未定发展的若干意见》中进一步提出要"建立多层次股票市场"，即建立相互承接，满足不同企业融资需要和不同投资者投资需求的三个层次的股票交易市场。[①] 2005 年 10 月《证券法》《公司法》纷纷修订，取消了原来只能在证券交易所交易的限制，这进一步为场外交易市场的发展扫清了障碍。

我国资本市场发展至今二十余年，其层次划分基本是伴随经济体制改革的进程逐步发展起来的，目前已形成了包括主板市场（沪深两市证券交易所）、二板市场（创业板）、场外交易市场（全国中小企业股份转让系统和各地区的产权交易中心）在内的多层次资本市场的雏形。随着多层次资本市场体系的建设和调整，我国证监会、交易所以及其他交易服务商针对不同层次市场进行差异化信息披露的立法和监管也做了许多努力和探索。鉴于本书研究的范围仅限于在上市公司之间实行差异化的信息披露，故作者在此仅以主板市场为基础，来评析我国创业板市场信息披露制度的改革历程。

[①] 参见新华网北京 2003 年 10 月 21 日电《中共中央关于完善社会主义市场经济体制若干问题的决定》，http://news.xinhuanet.com/zhengfu/2003-10/22/content_1136008.htm；人民网（2004 年 2 月 3 日）发布《国务院关于推进证券市场改革开放和稳定发展的若干意见》，http://www.people.com.cn/GB/jingji/1045/2317139.html，最后访问时间 2018 年 11 月 22 日。

我国创业板市场自 2008 年成立之初，其功能定位于：面向具有高成长性、高发展潜力和以高新技术为主的中小型企业。但这些企业大多规模小，存续期间短，缺乏稳定的盈利业绩，容易受到技术、市场、人员流动等内外部诸多因素的影响。因此，创业板市场的信息披露内容需要突出三个方面：其一，披露反映公司成长性的预测性信息。成长性是创业板上市公司的核心要素和生存基础，但成长性的外部可观测性较弱，因此需要上市公司公开披露其对自身盈利能力和发展前景的客观预测。而这些预测信息难免存在由主观因素所致的个体差异，因此在创业板市场信息披露规范中不但要鼓励上市公司自愿披露成长性信息，同时也要制定一些标准或模版作为指引以提高这些信息的准确性。其二，披露与公司治理结构、内部控制情况相关的非财务性信息。创业板公司所处的特殊行业和经营模式决定了具备良好的公司治理和规范的内部控制是投资者的信心支撑。其三，在价值性信息之外，披露风险性信息。创业板上市公司的成长性与其投资风险相随，为了加强对创业板投资者的保护，一般要求上市公司对其产品、技术、经营模式等具有较大潜力但也存在较大风险的信息进行披露。而且还要在披露文件的显著位置突出"风险提示"之类的内容。

监管实践中，证监会和深圳交易所在我国创业板建立之初，就专门制定了一系列信息披露的规范[①]，这些规范在贴近主板信息披露的结

---

① 早期适用于创业板信息披露的规范包括：《公开发行证券的公司信息披露内容与格式准则第 28 号——创业板公司招股说明书》（证监会公告〔2009〕17 号，已失效）；《公开发行证券的公司信息披露内容与格式准则第 29 号——首次公开发行股票并在创业板上市申请文件》（证监公告〔2009〕8 号，已失效）；《公开发行证券的公司信息披露内容与格式准则第 30 号——创业板上市公司年度报告的内容与格式》（证监会公告〔2009〕3 号，已失效）；《公开发行证券的公司信息披露编报规则第 20 号——创业板上市公司季度报告的内容与格式》（证监公告〔2010〕10 号，已失效）；《公开发行证券的公司信息披露内容与格式准则第 31 号——创业板上市公司半年度报告的内容与格式》（证监会公告〔2010〕19 号，已失效）；《深圳证券交易所创业板股票上市规则》（2009 年 6 月制定，已修订）；等等。

构框架和内容基础上，也有一些差异化的要求，比如突出风险揭示、强制披露责任、降低披露成本等。①但实践证明这种差异化的安排仍不突出，比如没有针对创业板公司业务模式新、业绩波动大的特点，特别要求披露无形资产、盈利预测、客户群体、核心技术、高管薪酬等非财务方面的信息，对关联交易的披露也有不足。

但在全面贯彻新股发行体制改革和保护中小投资者合法权益的政策导向下，证监会已牵头对我国创业板信息披露的一系列规范准则进行了修订并在 2013 年 3 月到 2014 年 6 月期间集中发布。从修订后的准则内容来看，增加了风险因素、关联交易、经营模式、公司治理等信息的披露；取消了对重大风险因素的详细列举以及对关联交易决策权限与程序的法定要求；简化了与投资决策相关性不大的披露要求；强化了对董监高薪酬情况的披露。这些增加与删减并举，简化与强化同进的修订方法使我国创业板信息披露在监管规范上打破了内容僵化、模版复制的倾向，突出了个性化和灵活性，这些都值得充分肯定。但这些规范指引能否真正落实，还有待考证。同时，自 2019 年 1 月证监会发布《关于在上海证券交易所设立科创板并试点注册制的实施意见》以来，定位于为信息技术、新能源、生物医药、大数据等高科技产业提供融资平台的科创板块引入以财务指标进行组合的"市值"指标为进一步的差异化信息披露提供了探索的可能。

---

① 比如在信息披露时间上进行了限缩（创业板年报披露的时间为每个会计年度结束后的 3 个月，对中报和季报的披露时间为 45 日）；内容上更强调关于公司成长性、风险性以及治理结构等方面信息的披露，并对临时披露的规定做了特别规定等（创业板市场没有必须做出盈利预测的规定，但要求当董事会预计或知悉上市公司当年业绩高于盈利预测 20% 或低于盈利预测 10% 以上，或者上市公司业务进展情况与已披露的业务计划发生或可能发生重大差异时，上市公司应在两个工作日内报告证券交易所并披露，而主板市场并无相关规定），整体体现出比主板更为细致和严格的要求。

第二节　不同行业间上市公司的差异化信息披露

社会分工产生了行业划分，行业是介于微观经济和宏观经济之间具备同质性生产特征或其他经济社会的经营单位或组织结构体系的详细划分。同一行业内的组织单位具有相同的生命周期、产品结构、竞争态势，企业的兴衰总是和其所处的行业周期息息相关，所以行业类比是判断企业是否具有同质性的一个重要标准。就目前而言，我国证监会和交易所制定的信息披露规范大多着眼于弥补通用信息的供给缺口，而这些通用信息基本是以传统制造业公司为前提假设。随着市场规模不断发展壮大，上市公司的行业结构也发生了巨大变化。处于某些特殊行业或新型行业的上市公司，其价值与机遇、风险与不确定性，恰恰体现在与行业整体发展态势相关的信息当中，而这些信息的公开披露有助于投资者识别其潜在的投资风险和投资机会。与此相应，根据信息披露外部性理论的研究，一家上市公司所披露的信息会对其他主体产生直接或间接的影响，而这种影响在同类行业中的表现最为明显。据此，我们在不同行业之间寻找上市公司信息披露的差异化属性就具备必要性和可能性。

一、信息披露的同行传递效应分析

经济学中，那些未被市场交易包括在内的额外成本和收益都被统称为"外部性"。在上市公司信息披露制度中，如果一家公司所披露的会计信息会对其他上市公司、投资者和监管者等利益相关者产生直接或间接影响，则这种现象可以被称为信息披露的外部效应（externality）。[①] 根据这种影响的有利或不利，外部效应可分为正外部

---

① 参见肖仲明：《会计信息披露的外部性分析》，《上海会计》2001年第3期。

性（positive externality）和负外部性（negative externality）。前者体现为降低信息使用者决策的交易成本，促进资本市场的资源优化配置，或在一定范围内产生示范效应，提高市场信息披露的整体质量；后者则包括信息披露违规、信息同质化严重、信息披露质量低下等给资本市场带来的负面影响。

而当我们把信息披露外部性效应的影响范围置于某一特定行业领域时，可以发现这种外部效应在不同市场主体之间会相互传递，具体表现为：其一，某特定上市公司的信息披露会对同一行业内其他上市公司的信息披露产生影响。比如，如果同一行业内的多数上市公司都已披露某方面的信息，此时投资者自然会质疑那些未披露相应信息的上市公司产生。因此，上市公司在披露信息时通常会关注同行业其他上市公司披露信息的广度和深度，以便在赢得市场竞争力和保护商业秘密之间进行权衡。[1] 再如，市场监管者如果对某上市公司的违规信息披露做出处罚，则同行业的其他公司管理者会以违规信息披露处罚公告作为参照进行学习，从而相应地改进公司信息披露行为。其二，上市公司所披露的信息不但影响投资者对本公司的市场预期，还会影响对同行业其他公司的市场预期。比如投资者根据某一特定上市公司的信息披露情况来推定该上市公司所处行业的整体发展水平、发展前景，或借此来评估同类行业中其他上市公司的市场价值。[2] 我们将这种现象称为信息披露的同行传递效应。

与市场外部性理论中正外部性和负外部性的二元区分相似，同行业的信息传递效应也可以分为市场反应为正的"竞争效应"和市场反应为

---

[1] 参见陈龙：《主板与中小板上市公司内部控制信息披露差异性分析》，《财经监督》2013年第2期。

[2] George Foster 教授最早曾以上市公司财务信息披露中的盈余公告为研究对象，指出公司披露的信息不但影响投资者对本公司的市场预期，而且还会影响投资者对同行其他公司的市场预期，从而产生同行信息传递效应。参见 George Foster, "Intra-Industry Information Transfers Associated with Earnings Releases", *Journal of Accounting and Economics*, vol. 3, no. 3, 1981。

负的"传染效应"。[①] 竞争效应是指为了在同行业公司之间凸显自身优势，各个公司之间竞相提高信息披露质量；传染效应是指不规范的信息披露行为被同行业不同公司相互学习，造成整个行业信息披露质量下降。信息披露在同一行业内能够产生传递效应的原因在于，个别公司的信息披露可能会向市场传递一些具有行业共性的特定信息。这些共性表现为相似的生产经营模式、处于相似的市场环境、面临相近的风险因素，因此，其资本结构（比如主营业务、经营模式、现金流模式等）和公司治理结构（比如股权结构、薪酬水平、企业绩效等）都高度相似。也正是以此为基础，关于企业A生产经营的信息不仅能反映企业A的自身状况，还能从某种程度上折射出企业A所处行业的一般状况，对于推测同一行业内其他企业的经营状况来说具有相当的价值；而处于不同行业的企业，因为不具备这种共性，其价值关联性较弱。

二、分行业差异化信息披露的优势

基于上述对信息披露同行传递效应的分析可以看到，同行业企业的同质性较强，而按照这种行业共性和自身特有的风险和价值因素分行业设计不同的信息披露准则或指引，则具备以下优势：

第一，有利于投资者获取更多与投资决策相关的有效信息。在资本市场迅速发展的大背景下，当下活跃于市场中的上市公司的种类和结构都发生了很大变化，以往以传统制造业上市公司为基本前提假设的信息披露规范已经无法适应行业结构多元发展的现状，不同行业上市公司在商业模式、估值基础、盈利和竞争优势等方面具有差异化的信息披露需求，与此相应，投资者对信息披露的有效性也有了更高追求。在这种情况下，区分行业制定更有针对性的信息披露规范既能推

---

① 参见 Larry H. P. Lang and Rene M. Stulz, "Contagion and Competitive Intra-industry Effects of Bankruptcy Announcements: An Empirical Analysis", *Journal of Financial Economics*, vol. 32, no. 1, 1992。

动上市公司结合行业经营的特点披露财务与非财务信息，也有助于投资者对同行业不同上市公司的相关情况进行横向比较，通过分析和判断同类公司经营、财务方面的共性与差异，加深对信息披露内容的理解，减少逆向选择的可能。

第二，有利于提高信息披露监管的针对性。在以辖区划分进行监管的格局下，每个辖区内上市公司的特点迥异，对不同经营模式的上市公司实行统一的监管标准，既可能过于刚性，也存在现实困难。即使从辖区维度提炼总结监管标准，在总体上也是基础的、零散的和非体系化的，难以满足公开、公平和公正的实践要求。而分行业的信息披露监管是以行业维度为监管抓手，从相同或类似的行业模式入手，按照公司所在行业是否相同或相近，专门安排稳定人员对接监管，这种经过优化以后的监管阵型不仅可以深化监管的精度和深度，还可以使监管人员对其所对接监管的行业有更为深入的了解，能够从保姆式的监管角色转型为"医生式"监管角色，真正发挥"诊疾治疾"的作用。通过对同行业不同上市公司的信息披露进行比较，可以强化上市公司和其他市场主体信息披露第一责任人的意识，更加有效地引导、鼓励和督促上市公司揭示与其行业共性相关及其自身特有的风险和价值因素，使信息披露监管标准的统一更具有可行性和合理性。

第三，有利于提高资本市场信息披露的整体质量。实施信息披露监管的最终目的是为了提高市场整体的信息披露质量和保护投资者利益，而非仅仅是为了处罚违规公司。以行业区分为基础进行信息披露立法规范，既能通过信息披露监管的外部性来提高市场内某一行业整体的信息披露质量[1]，为投资者提供量体裁衣的披露信息，取得信息披露的规模效应；同时也不会忽视不同行业之间的本质差异而强制要求

---

[1] 信息披露监管外部性包括两个层面：其一，市场投资者层面，信息披露违规监管的处罚公告促使投资者重新评估同行其他公司的价值；其二，公司管理者层面，同行其他公司的管理者通过从违规公司处罚公告的市场反应进行市场学习，而相应地改进公司信息披露行为。

其遵守一些不符合自身实际情况的信息披露规范。对具有同质性的某一行业的公司来说，这些信息披露的内容标准可以符合其实际特点的，所披露的信息失真程度较小，信息也更为准确。同时，对同行业和上下游产业的公司而言，他们的决策就会基于更加充分的信息做出，这样的信息披露无疑是有效的。因此，国内外的信息披露监管实践中也有许多以行业为区分的制度实践。

三、分行业信息披露的制度实践

基于上市公司分行业进行信息披露的必要性和可行性，包括我国在内的许多国家和地区资本市场已经有相应的制度实践，下面笔者就以美国、澳大利亚、我国香港地区和我国沪深资本市场的相应做法及发展动向做对比分析。

（一）美国资本市场的实践

美国早在1933年《证券法》和1934年《证券交易法》出台之际，就颁布两则产业指导体例：《证券行业指南801条例》（Securities Act Industry Guides Item 801）和《证券行业指南802条例》（Securities Act Industry Guides Item 802）。两份指南对石油与天然气、银行、房地产、保险、矿产经营行业内的上市公司信息披露提出了特别要求[①]，具体要求见表3-6：

表3-6　美国NASDAQ对特殊行业上市公司的信息披露要求

涉及行业	主要内容
石油与天然气	要求石油与天然气经营需要披露储量估计、每单位销售成本和生产成本以及生产井数量等信息
	要求在有关石油和天然气项目权益内容的招股章程中加强披露投资者和其他人之间的销售条款、成本和收入，同时每个钻井项目，发行人及其关联人包括投资者都需披露10年的财务概览

---

① 参见 SEC Standard Industry Code, http://www.nasdaq.com/screening/，最后访问时间2018年11月25日。

续表

涉及行业	主要内容
银行	要求银行控股公司披露统计数据，包括利息收益、投资和贷款组合、贷款损失经验、保证金种类、股权和资产的回报率和短期存款分析
房地产	要求披露房地产有限合伙企业权益有关的登记声明，在声明中提供普通合伙人任何其他房地产投资计划及其连属公司的财务总结
保险	要求披露有关财产和意外保险承销商的未付赔款及理赔费用。如果其附属公司及长期股权投资人未付的财产险索赔及理赔费用超过发行人及其附属公司50%权益的，发行人需提供详细的储备金额和历史理赔数据
矿产经营	要求发起或从事重大采矿作业的发行人做出完整财产说明，包括披露每一个钻井或财产的位置、注册的简要说明、租赁和拥有性质、经营历史以及当前的描述和经营状况

资料来源：http://www.nasdaq.com/screening/，最后访问时间2018年11月25日。

随后，美国证监会这些散见于《证券法》和《证券交易法》中有关特定行业的信息披露要求统编为《证券发行行业指引》(Securities Act Industry Guides)和《证券交易行业指引》(Exchange Act Industry Guides)，两者合称为"行业指引"。在上述指引颁布之后，美国证监会也会根据行业的发展对上述行业规则的内容进行修订。以石油和天然气行业为例，2009年1月SEC颁布了新的33-8995条例对相关规则进行修订，该条例的变化主要有：第一，明确修改石油价格估测值为评估日过去一年内的价格平均值，以避免过多的波动影响评估；第二，允许并鼓励公司披露自身预测的未来可能储量；第三，扩大了储量披露的自然资源的种类和可应用技术范围。[①] 实践操作中，美国主要在证券发行阶段要求上市公司根据行业经营和发展的特点进行信息披露，比如许多上市公司在证券发行以前会要求承销商的行业研究机构搜集、提供一些行业研究报告，并参考其中一些最新数据和发展态势作为招股说明书的构成部分，关涉到行业风险的内容也会在招股说明书"风险因素"的章节中披露。

---

① 参见SEC Modernization of Oil and Gas Reporting, https://www.sec.gov/rules/final/2009/33-8995fr.pdf，最后访问时间2018年11月25日。

(二)香港资本市场的实践

香港联合交易所（Hong Kong Stock Exchange，以下简称 HKE）现行的上市公司信息披露规范中对大部分行业的上市公司没有强制要求披露特殊信息，但对个别行业提出了附加的上市条件或持续信息披露规定。这些行业主要包括：矿业和石油、银行、房地产、财资企业集团等。笔者在表3-7中予以详细归纳。

表3-7 HKE对特殊行业上市公司的信息披露要求

具体规范	涉及行业	主要内容
上市规则18章、上市规则附录25	矿业、石油公司	对附加上市条件和相关信息披露规定（如矿业所有权的归属证明、控制资源量、后备资源量、现金运营成本估算、足额营业资金证明、合格人士报告等）、持续责任（如定期披露矿产勘探、开发及开采活动的详情，此三类活动的开支摘要、年度报告内更新资源量或储量）、报告准则（矿业报告需符合《JORC规则》、NI43-101或《SAMREC规则》，石油报告需符合PRMS）等做出了强制性披露要求
上市规则附录15	银行	年度报告、中期报告、初步业绩公告、上市文件和通函等方面的行业信息披露要求（如银行损益表和资产负债表主要项目、年报会计准则规定的分部资料、资产负债表外项目等）
上市规则附录16、附录26	房地产	在年度报告中对不同物业（发展、出售或投资）的信息披露做出了特别规定（如物业地址、完工程度、预计竣工日期、现时用途、地盘及楼面面积、可出售或可出租面积、房间、单位或车位数目、开发成本、平均实际租金、独立估值等）
上市规则附录16第35、36条	财资企业集团①	对财资企业集团在财务资料的信息披露方面提出了具体要求（如利息收入和开支、外币买卖损益、证券买卖或证券投资损益、衍生产品损益、呆坏账拨备、投资证券拨备、重要资产及负债的到期分析，或有负债、汇率合约、利率合约及其他衍生工具的新单风险加权总额、风险管理等）

资料来源：《香港联合交易所上市规则》(Rules Governing the Listing of Securities on the Stock Exchange of Hong Kong Limited)。

注：①财资企业集团是指主要从事证券买卖，提供有关证券的咨询服务、商品交易、杠杆式外汇买卖、保险活动以及放债等业务，且业务量达到港交所规定的比例或数额的上市发行人。

值得注意的是，HKE 曾于 1999 年发布了一份名为《年度披露报告的参考资料》，该资料总结了特定行业内具有代表性的上市公司一些常用的信息披露做法，并参考世界其他主要证券交易所对上市公司年度报告的披露规则，以此作为上市公司从行业角度披露年报信息的参考资料。其中包括不同行业的经营特点、统计数据、监管标准、行业专用名词解释等，涉及包括航空、制药、石油化工等 15 个行业。这份资料发布以后，在香港上市的许多公司都据此形成了固定的信息披露自我约束要求，时至今日，该资料虽已被作为历史档案封存，但其对于推动在港上市公司信息披露质量的提高具有重要作用。[①] 需要指出的是，香港地区分行业的信息披露主要针对特殊行业的公司在一般信息披露基础上增加了额外的披露义务，这种过重的义务不但没有注意到同行业的不同板块中信息披露的差异需求，而且过重的义务挫伤了公司自愿披露信息的积极性。

（三）澳大利亚资本市场的实践

由于澳大利亚资本市场上约有一半上市公司的主营业务均与矿产有关，因此，澳大利亚证券交易所（Australian Stock Exchange，以下简称 ASX）上市规则中要求与从事矿产行业相关的上市公司额外披露特定信息。比如，上市公司应当在季报中披露有关矿产资源开采、勘探、生产成本费用，并在年报中披露资源储量。另外，上市规则附录中还规定了对勘探结果、矿产资源和矿石储量的最低公开披露标准和要求，并制定了矿业、石油和天然气开采行业的季度报告披露格式指引。[②]

[①] 参见范志鹏、庄红波、董轩：《深化不同行业经营性信息披露，提高上市公司信息披露有效性》，《上海证券》2013 年 12 月 23 日。

[②] 参见 http://www.asx.com.au/listings/listing-IPO-on-ASX.htm，最后访问时间 2018 年 11 月 25 日。

（四）我国沪深资本市场的实践及发展动向

自 2000 年起，我国也开始对上市公司中一些特定行业的信息披露予以关注，并专门制定相应的信息披露规范。此后，经过不断修订并扩大覆盖范围，目前，我国资本市场上有关上市公司结合行业经营特点披露信息的监管规定包括部门规章和自律规则两个层次，笔者在表 3-8 中对这些规范进行了总结归纳。

表 3-8 我国对特殊行业上市公司行业的信息披露要求

具体规范	涉及行业	主要内容	发布主体及适用范围
上市公司行业分类指引	全部	以上市公司营业收入等财务数据为主要分类依据将我国境内的上市公司分为 19 大门类	证监会发布、适用全部市场
公开发行证券的公司信息披露编报规则第 26 号	商业银行	规范商业银行定期披露报告、临时披露报告的编制	证监会发布、适用全部市场
公开发行证券公司信息披露编报规则第 10 号	房地产业	规范房地产公司招股说明书的编制	证监会发布、适用全部市场
公开发行证券公司信息披露编报规则第 11 号	房地产业	规范房地产公司财务报表附注的内容与格式	证监会发布、适用全部市场
公开发行证券公司信息披露编报规则第 4 号	保险公司	规范保险公司定期披露报告、临时披露报告的编制	证监会发布、适用全部市场
上市公司分行业经营性信息披露指引第 1 号——房地产	房地产业	要求房地产行业的公司在年报、半年度报告中披露房地产储备、房地产出租和销售、财务融资等分类细节	上海交易所发布、适用上海主板
上市公司分行业经营性信息披露指引第 2 号——石油和天然气	石油、天然气	要求石油和天然气公司在年报、半年度报告中披露储量变化情况、正在钻探井数据、采矿权和煤矿权面积及年度资本开支	上海证券交易所发布、适用上海主板
上市公司分行业经营性信息披露指引第 2 号——煤炭开采和洗选	煤矿	煤炭行业的公司需在年报、半年度报告中披露旗下主要矿区的煤种及保有储量、前五大销售客户及煤炭外运和外购量等细节	上海证券交易所发布、适用上海主板
行业信息披露指引第 1 号——上市公司从事广播电影电视业务	广播电视	规范广播电影电视业定期和临时公告需要披露的重点内容	深圳证券交易所发布、适用深市创业板

续表

具体规范	涉及行业	主要内容	发布主体及适用范围
行业信息披露指引第2号——上市公司从事药品、生物制品业务	药品、生物制品行业	规范药品生物制品业定期和临时公告需要披露的重点内容	深圳证券交易所发布、适用深市创业板

依上表可见,我国证监会和沪深两市交易所在区分行业实行差异化信息披露监管的探索中已取得初步成绩,同时,证监会于2012年对其早在2001年发布的《上市公司行业分类指引》(以下简称《指引(2012)》)进行了修订,主要体现在以下几个方面:(1)新增一级科目和二级科目,将行业分类目录与国民经济行业分类目录调整至基本一致[①];(2)在原来以"营业收入"作为分类依据的基础上将"营业利润"作为划分行业归属的第二参考指标;(3)成立上市公司行业分类专家委员会,专门负责行业分类咨询与判断,并最终确定行业分类结果;(4)建立行业分类的动态维护机制,以提高行业分类的时效性和生命力[②];(5)发挥上市公司协会的作用,并强化了自律组织在行业分类中的监管职责。[③]此次修订为我国上市公司分行业信息披露的进一

---

① 《指引(2012)》中新增个别一级科目(包括信息传输、软件和信息技术服务业,租赁和商务服务业,科学研究和技术服务业,水利环境和公共设施治理业,教育业,卫生和社会工作业,体育业);新增个别二级科目(包括林业、烟草制品业、医药制造业、废弃资源综合利用业、热力燃气生产和供应业、管道运输业);提高了某些科目的分类级别(如房屋建筑业由三级升为二级,汽车制造业从个例升级为二级科目);将一些关联度大的行业合并为一类,如将原来的银行业、金融信托业合为货币金融服务业;将原来的社会服务业进行了细分,分成了包括居民服务、修理和其他服务业及水利、环境和公共设施管理业在内的若干种类。变更后的行业指引结构极大地丰富了上市公司的行业类别,符合我国经济结构正变得越来越完善的发展现状。

② 旧指引规定未经证券交易所批准,上市公司不得擅自改变公司类属,对自己所被划归的行业存在疑义,或因兼并、重整等原因而至主营业务发生重大变动的,可以向证券交易所提出书面申请并提交相关的财务资料,由证券交易所对上市公司所提申请进行审查和批准。但《指引(2012)》第6.2条规定上市公司行业分类在进行初次分类的基础上还要按季度进行定期调整。对于那些不能依据统一指标进行分类的上市公司,则交由专家委员会进一步帮助审定。这种做法不但增强了行业分类的时效性,也提高了《指引(2012)》的实用性。

③ 根据《指引(2012)》第4.2、4.3条规定,上市公司协会可以协助证券交易所承担部分分类管理的职能,由该协会负责按照《指引(2012)》组织对上市公司进行行业分类,向证监会和证券交易所、中证指数公司等相关机构通报上市公司行业分类结果。

步完善奠定了良好基础。依此，深圳证券交易所和上海证券交易所分别在 2013 年初和年底针对广播电视、生物药品制业、房地产、石油天然气、煤炭五个行业发布了信息披露指引。2015 年深圳证券交易所进一步发布了针对种植业、工程机械类、装修装饰类等行业的信息披露指引[①]，与此同时，上海证券交易所也在同年针对电力、零售、汽车制造、医药制造等行业出台了相应的信息披露指引，这些指引着眼于各行业的定期报告和临时报告，强调内容和格式上的行业差异，使我国分行业差异化信息披露的实践迈出了实质性的步伐，起到了很好的试点作用。

但在此基础上，笔者认为我国上市公司实行分行业信息披露监管仍然存在很大有待拓展的空间：

第一，行业信息披露指引的覆盖面不够。对照《指引（2012）》可以看到，证监会将我国上市公司分为 19 个行业类别，但目前仅有金融、房地产两个一级行业和少数二级行业在行业经营角度进行信息披露时有章可循。我们看到，在规模不断扩大的市场中，地产、矿业、交通运输等国民经济的基础性、支柱性产业在稳步发展，而互联网、文化传媒、信息通讯等新兴产业上市公司的数量也明显增加，上市公司的行业结构和规模发生了很大变化，因此下一步应继续拓展行业信息披露指引的覆盖面并完善行业信息披露指标。

第二，披露指引中反映企业风险因素的信息居多，与投资价值有关的信息较少，部分行业公司未充分披露关键经营数据。现有规范更倾向于迎合信息披露监管需要，注重强调披露大量的风险因素。虽然

---

① 《行业信息披露指引第 3 号——上市公司从事房地产业务》《行业信息披露指引第 4 号——上市公司从事种业、种植业务》《行业信息披露指引第 5 号——上市公司从事工程机械相关业务》《行业信息披露指引第 6 号——上市公司从事装修装饰业务》，详见深圳证券交易所网站：http://www.szse.cn/Lawrules/rule/listed/stock/t20161115-565081.html，最后访问时间 2018 年 11 月 25 日。

从2014年新修订的《年报内容与格式准则》(证监会公告〔2014〕21号)中可以看出，监管者对信息披露的有效性提出了更高、更广泛的要求，这包括披露一些有利于投资者决策的与企业价值有关的信息。但在实际操作中，如果没有特定的行业规范指引，上市公司往往会以免责为目的忽略披露关于公司投资价值的信息。翻阅目前已经制定行业指引的上市公司年报可以看到，多数公司仅仅套用指引中有关行业风险的一些原则性描述，大幅罗列公司财务数据、风险因素，很少以行业整体发展情况为背景结合上市公司的具体情况进行深入分析，更没有关于公司投资价值的定量或定性分析。

第三，已有指引中结合行业经营特点的法定披露内容居多，留给公司自愿披露的内容较少。但事实上，即便针对某一行业制定相应的信息披露指引，也难以在其中完全揭示某一行业内特定上市公司的投资价值。而且目前上市公司的信息披露实践中普遍缺乏对整体行业和公司发展趋势的细致分析。比如许多公司对于未来成长性的论证逻辑过于简单笼统，往往仅以简单的算术指标说明所在行业的发展空间。而没有在披露报告中反映自身成长周期的影响、产品用户消费习惯的差异等更为细致实际的内容。再如，医药类企业也很少愿意详细披露其研发投入、项目进展等揭示公司投资价值的重要信息。因此，在制定指引类的法定规范外，我们还需寻找其他的跟踪监管措施。

第四，同一行业上市公司的差异化披露体现不足。虽然以行业区分为基础进行信息披露已经是一大进步，但根据已有的行业类信息披露指引可以看到，同一行业的上市公司必须依照相同的标准和格式，披露几乎相同的内容，从而同一行业内依然实行强制一体的信息披露方式。因此，建议未来制定的行业信息披露指引中应当注意适用差异化信息披露的工具性方法，以使同一行业不同上市公司之间的信息披露也有特殊体现。对此，后文将继续探讨。

当然，值得欣喜的是，2015年1月5日，上海证券交易所正式对上市公司信息披露的监管模式由辖区监管调整为行业监管。[①] 这一监管方式的转变有利于投资者更为准确地了解上市公司的投资价值，同时，也将加快推进我国以行业区分为基础进行差异化信息披露的立法与实践。

第三节　不同风险水平上市公司的差异化信息披露

本章前两节指出，在不同层次的资本市场以及不同行业的上市公司之间应当实行差异化的信息披露。但除此以外我们还注意到，即便是同一层次市场或同一行业内的不同上市公司，它们可能因公司治理结构、风险管理能力、规范运作程度的不同而存在不同的风险水平，对于不同公司信息披露的监管难度也各不相同。事实上，监管实践中早已根据金融行业公司存在的不同风险水平实施分类监管，并取得了较好的实践效果。因此，为了缓解不断扩大的市场容量和相对有限的监管资源二者之间的现实矛盾，并引导上市公司将外部监管压力转化为内部规范动力，形成良性循环的激励机制，我们也应当考虑对上市公司进行风险识别，并确定风险水平，以此为标准，在不同公司之间实施差异化的信息披露。

一、上市公司分类监管与风险识别

（一）上市公司分类监管的提出

传统的上市公司监管方式偏重于统合性监管，即对于运作规范、

---

① 在本次信息披露监管模式调整以前，上海证券交易所公司监管部门采用的是按辖区监管模式，即按照上市公司所在的不同区域，安排对应监管人员，履行相应的监管职责。参见上海证券交易所网站，http://www.sse.com.cn/，最后访问时间2018年11月9日。

治理结构完善、财务指数达标的上市公司（下文将这类公司统称为"健康公司"）与存在重大风险、治理结构存在缺陷的上市公司（下文将这类公司统称为"风险公司"）适用同样的、统一的监管力度和监管标准。这种"一刀切"的制度安排存在明显弊端：

第一，无法提高监管效率、突出监管重点。实践中，不同上市公司的运作质量和守法意识差异很大，这意味着对不同公司的监管难度各不相同。如果对所有上市公司都适用同样的监管标准和监管力度，不但会平均化地分散监管资源，无法突出重点监管的目标，而且可能对健康公司监管过度，抑制创新；而对风险公司可能监管不足，没有及时发现或有效遏制其违规行为。随着上市公司数量的不断扩张，不仅上市公司不堪其忧，甚至可能出现监管人员疲于奔命，监管成本不断增加但不见监管效率提升的尴尬情形。此外，即使对于同类公司，其违规风险也可能大为不同，这也需要采取不同的监管方式和力度。

第二，不利于对上市公司形成良好的监管激励机制。传统理论认为监管机构能够完全代表投资者利益来及时监测上市公司的行为并采取有效监管措施。但现实中，不仅监管者与上市公司之间存在信息鸿沟，而且监管者与投资者之间的信息也是不对称的，因此监管效用的发挥过程往往受阻，导致监管失灵。而克服这种失灵的办法在于通过合理的制度安排建立起激励相容的监管机制。这一方面需要增强证券监管的透明度，使投资者和上市公司可以对证券监管行为进行监督；另一方面需要使监管对象获得与其服从监管所付成本相对等的收益。这种收益既包括来自市场的声誉评价，也包括与其他公司相比享受差别化的监管待遇，从而适度降低守法、合规成本。在统一的监管标准下，差别化的监管待遇显然无法在健康公司与风险公司之间得以体现，这样，以往持续良好的公司在未来可能失去持续合规的动力，而那些表现较差的公司也因没有付出更多的违规成本而没有提升改善的积极性。

在此背景下，借鉴金融行业分类监管的规则和实践[①]，在上市公司之间实施"分类监管"的理念也被逐渐认同。分类监管是指为了突出监管重点，提高监管效率，在根据统一指标对上市公司进行风险区分的基础上，对于风险评价较低或获评结果较高的上市公司可放松监管，而对于风险评价较高或获评结果较低的上市公司，则应实施更加严厉的督促、指导，使其披露风险、化解风险，完善公司治理，以达到监管效果。可见，分类监管首先是对监管对象进行风险识别和风险评级，并在此基础上实施的"差异化监管"，其与统一监管相对应，后者强调监管标准、监管内容、监管方法、监管程序的一致性和同一性，而前者强调基于对上市公司评级结果的不同而采取不同的监管标准、方法、力度，这与"差异化信息披露"的理念一脉相承。

（二）上市公司分类监管的优势

相较于统一的监管标准，上市公司分类监管的意义不仅在于规范上市公司运作和提高监管针对性，而且对于保护投资者利益乃至整个资本市场的健康发展都具有非常重要的意义，具体体现为以下几个方面：

（1）扶优限劣，提高上市公司的整体质量。以上市公司分类评级为基础的分类监管传递了一种将市场评价机制融于监管体系的可贵信号，对于那些获得结果较高的上市公司来说可以同时赢得更好的声誉评价，以间接降低其未来的融资成本。作为参照，也可以此鞭策、促进那些分类评级较低的上市公司积极化解风险，改善运作水平。与此同时，分类监管有利于减轻上市公司的合规负担。在同质化的监管模

[①] 从全球范围来看，"分类监管"理念最早在1988年颁布的《巴塞尔协议》中被提出。其中将资本充足率与风险管理紧密相连，以资本充足率的高低为标准将监管对象分为五等级别：良好资本、充足资本、不足资本、严重不足资本、短缺资本。对处于前两级资本水平的银行，无须采取任何监管限制；但若低于这两类资本水平，监管当局会采取不同程度的监管措施。之后国际上对金融机构进行分类监管逐渐成为通行做法。目前，分类监管在我国的银行、保险等金融领域已普遍实施并较为成熟。

式中，各类上市公司都需要持续负担人力、物力和财力等各种成本以配合监管部门的各项检查，还包括为履行信息披露义务而付出的相应成本。但在分类监管体系下，可以减少规模较小或评级较高的上市公司应当履行的法定义务，使他们能够更加集中精力、财力、资源专注于公司业绩的提升，更好地服务经济大局。[①]

（2）营造透明的监管环境，提升监管效能。分类监管的前提是确定科学的评价指标和严格的评分规则，监管机构以此为依据评价上市公司是否达到各项标准并给出评价结果。在此过程中，监管行为、监管依据以及监管结果都可以被上市公司和投资者及时了解，这有助于营造一个更为透明的监管环境，促进监管实施的理性公正。此外，在即将到来的证券发行注册时代，我国上市公司数量可能会在较短时间内迅速增加，相伴而生的市场竞争也会刺激新的融资产品、融资方式等层出不穷，市场监管格局的难度和复杂程度进一步加深。监管部门在对参差不齐的上市公司进行监管的同时还要随着市场变化及时调整行业发展规划，每年执行大量的专项检查、全面检查任务，并修订相关法规、规章。不断增加的监管工作量与有限的监管资源之间的矛盾日益突出，监管时效难以得到保证。实施分类监管能够合理优化监管资源的配置，减轻监管部门的冗余负担，以提高监管的针对性和有效性。

（3）提供决策参考依据，保护投资者利益。分类监管评价指标和评价结果的公开可以为投资者调整资产组合、做出投资决策提供重要的参考依据。在此过程中还可以借助上市公司之间形成竞争机制来提高上市公司规范运作的整体水平，进而提高投资者的投资利益。

---

① 参见上海证券交易所—复旦大学联合课题组：《上市公司分类监管研究》，http://www.sse.com.cn/researchpublications/jointresearch/c/plan20110519o.pdf，最后访问时间 2018 年 11 月 27 日。

（三）上市公司分类监管的区分基础：风险识别

分类监管在本质上是一种风险管理方式，目的在于识别并密切监管那些存在重大风险的上市公司，因此，对众多上市公司进行区分的基础在于进行风险识别并据此确定风险水平。要保证风险识别的客观性和科学性，需要确定统一的评价指标，常见的基础性指标包括：公司治理水平、财务水平、风险指标、信息披露质量等。当然，在每个基础指标之下还可以设计更具体的二级、三级指标，根据每项指标所揭示的风险重要性的差别，应当对其配以不同权重，指标设计越精细，评价结果越接近客观事实。在确定评价指标之外，还需确定风险等级。等级划分太少，则会显得粗略草率，不能突出众多上市公司之间的实质差别，但等级种类太多也会造成投资者的识别困难，增加监管负担，因此如何确定恰当的等级划分还值得仔细衡量。

二、不同风险水平公司间差异化信息披露的探索

在对上市公司分类监管的理论依据和制度优势进行概括梳理之后，接下来需要考察域内外是否已有在分类基础上，对不同公司实行差异化信息披露的制度实践。笔者注意到，韩国证券监管机构在规制虚假信息披露行为时，会参考上市公司以往信息披露的历史表现和其违规动机采取差异化的处罚措施，主要通过扣分处罚中加分或减分来实现。我国目前的立法规范和监管实践虽然尚未细化到信息披露的差异化对待，但证监会和交易所也在不断探索对所有上市公司实施分类监管。虽然由于各种阻碍原因暂没有在实践中大范围推广，但这种以风险评价为基础的分类方法和探索方向值得肯定，信息披露的差异化监管实质上属于上市公司分类监管中的一个子系统，同时也是分类监管的重要表现和实现路径。因此，下文笔者将对韩国的制度实践与我国的相关探索进行分析。

（一）韩国：对虚假信息披露采取差异化的处罚措施

综览韩国资本市场中与上市公司信息披露相关的法律规范主要包括四类：（1）国会通过并颁布的《金融投资服务与资本市场法案》①；（2）总统府颁布的法令（类似于我国的行政法规）；（3）韩国金融交易委员会颁布的《证券发行及披露等规定》；（4）韩国证券交易所根据其下三个市场板块分别颁布的《有价资本市场信息披露规定》《科斯达克市场信息披露规定》《新市场信息披露规定》。② 这三则信息披露规范除了在部分财务指标等方面有不同规定以外，其他内容都大同小异。故在下文中笔者仅以《有价资本市场信息披露规定》（以下简称《信披规定》）中关于虚假信息披露的内容为对象进行研究。

有关虚假信息披露的规定见于《信披规定》第四章第一节，虚假披露主要包括三种情况：不履行信息披露义务、推翻已披露内容、变更已披露的重要内容。③ 交易所在日常监管中一旦发现上市公司存在虚假披露信息的事实，应当向公司发出处罚通知，公司不服处罚决定的，在接到通知后 7 日内可以向交易所提出异议申请，并将异议理由交至

---

① 2007 年前后韩国国会将《证券交易法》《期货交易法》等 7 部法律整合后颁布《金融投资服务与资本市场法案》，于 2009 年 2 月起实施，其中对上市公司信息披露义务的法律依据、发行市场的信息披露以及授权韩国证券交易所制定上市公司信息披露的细则等做了原则性规定。主要条文涉及：（1）第 144 条（证券发行申报书的信息披露），（2）第 149 条（报告书等信息披露），（3）第 159 条（事业报告书的提交），（4）第 160 条（半年报、季度报告的提交），（5）第 161 条（主要事项报告书的提交），（6）第 163 条（事业报告书的信息披露）等。参见董新义：《韩国资本市场法》，知识产权出版社 2011 年版，第 80—83 页。

② 韩国证券市场目前分为三个层次：主板市场（KOSPI）成立于 1956 年，主要为大型企业提供融资和交易平台，其交易品种非常广泛；创业板市场（Korea Securities Dealers Automated Quotation，简称 KOSDAQ）成立于 1996 年，主要为高科技领域的创投公司和中小企业提供融资交易服务；新市场（Korea New Exchange，简称 KONEX）于 2013 年组建成立，主要为规模较小、处于创业初期的风险企业或中小型企业服务。

③ 《信披规定》同时指出，如果是由于以下情形导致的，则不作为虚假信息披露处理：（1）为遵守其他法律法规之规定不得已而发生；（2）发生自然灾害、经济形势突变或其他类似事件时；（3）被认定为保护公共利益和投资者权益时；（4）将公平披露信息按照预测信息的披露方式进行信息披露时；（5）查明相关公司无归责事由时；（6）情节并不严重，经交易所核实对股价并不至于产生影响时。参见董新义：《韩国资本市场法》，知识产权出版社 2011 年版，第 153 页。

上市公司信息披露委员会由专家委员召开会议审查异议是否成立。①

如果上市公司没有在 7 日内提出异议或提出异议后最终仍然被认定虚假披露行为成立，则其可能承担的后果包括：（1）当日暂停交易，（2）虚假披露行为及被扣分的事实由交易所公开，（3）扣分处罚。对于扣分标准交易所事前已有明确规定，但特殊之处在于：扣分环节分为"预扣分"和"最终扣分"两个阶段。在"预扣分"阶段先根据已有规定罗列出拟扣数额，此时，不同公司的同种违规行为适用同样的扣分标准。② 其次，会以预扣分数为基础，按照上市公司信息披露的历史记录、违规动机（故意、重大过失、一般过失等）在预扣分数基础上加分或减分③，一般来看，预扣分数与最终扣分相比会上下浮动 2 分或 3 分。这种方法可以对那些信息披露历史记录良好的上市公司减轻处罚，而对于历史表现较差（比如经常性违规）的上市公司加重处罚，其本质是根据上市公司的日常表现实行差异化的监管措施，既可以避免上市公司因自身的偶然行为或非故意动机而受到严厉处罚，也可以

---

① 韩国证券交易所在内部组建成立了上市公司信息披露委员会，委员会的组成人员包括从外部聘请专家（包括机构投资者代表、上市公司代表、会计专家、法律专家、证券市场及信息披露专家各 1 人）以及韩国交易所的信息披露负责人和法律顾问。

② 预扣分中根据信息披露违规内容的严重程度处以不同的扣分力度：（1）重大违规的（包括退市、被确定为管理对象即暂停交易的信息披露义务违规的）扣除 7 分；（2）一般违规的（包括非暂停交易对象的临时披露义务、公平披露、信息披露规则细则规定的自律披露违规）扣除 5 分；（3）轻微违规的（未满足义务比例的自律披露）扣除 3 分。参见董新义：《论上市公司信息披露监管的制度完善——以韩国制度为借鉴》，载黄红元、徐明主编：《证券法苑》（第十一卷），法律出版社 2014 年版，第 36 页。

③ 根据《信披规定》，以上市公司信息披露的历史表现为基础，可以减扣 1 分的情形有：（1）自愿披露的；（2）信息披露违规时间不超过 3 日的；（3）在信息披露时限内推翻披露或变更披露的；（4）最近一年内无信息披露违规记录，或者最近 3 年内获得信息披露业务或企业推介会相关奖励的；（5）最近一年内举办 2 次以上企业推介会的；（6）最近 1 年内无传闻或报道澄清公告的；（7）归责事由较轻，对市场影响较小的；等等。加扣 1 分的情形有：（1）一年以内有两次以上被认定为虚假信息披露的；（2）信息披露违规事件在一周以上的；（3）超出信息披露时限以后推翻披露、变更披露的；（4）提交虚假信息整改计划后一年内被再次要求提交信息披露整改计划的；等等。以上市公司的违规动机为基础，因故意所致的加扣 3 分，重大过失的加扣 2 分；过失所致的减扣 1 分，失误的减扣 2 分。参见董新义：《韩国资本市场法》，知识产权出版社 2011 年版，第 193 页。

促进上市公司注重提高日常信息披露质量。

（二）我国：在上市公司分类中的初步探索

我国证监会在2001年发布的《关于加强派出机构上市公司监管工作的通知》（以下简称《通知》）中首次提出上市公司分类监管的理念[①]，按照《通知》传达的精神，证监会接着在2002年制定并发布《上市公司风险分类标准指引（试行）》（以下简称《指引》）进行细化规定，《指引》将上市公司分为正常类、关注类、风险类、违规类四种类型进行区分监管。[②] 虽然《通知》和《指引》在探索初期发挥了一定的引导作用，但由于其中对于上市公司的分类欠缺客观性衡量指标，分类结果与监管措施结合较少，导致分类结果无法充分体现于监管实践[③]，所以两则规范在后来的实践中未能大范围落实。

[①] 《通知》指出："各派出机构要加大对上市公司风险的监控力度，增强对上市公司风险的预警能力。要结合辖区内上市公司的公开信息、历史表现、自身状况、行业特点及媒体反应，在综合分析和评价的基础上，按照上市公司存在风险的危害度、紧迫度进行分类，制定相应的关注等级和监管措施，实施动态监管。……"参见《中国证券监督管理委员会关于加强派出机构上市公司监管工作的通知》（证监公司字〔2001〕98号）。

[②] 对正常类以外的各类上市公司，实行定期报告和临时报告重点审核；对风险类公司，实行强制信息披露，督促公司落实风险控制措施；对违规类公司，根据需要按月进行董事长谈话，督促落实整改措施并披露，拒不整改或未落实整改措施的，视情节轻重暂缓受理再融资申请或出具再融资申请的否定意见。参见上海证券交易所—复旦大学联合课题组：《上市公司分类监管研究》，http://www.sse.com.cn/researchpublications/jointresearch/c/plan20110519o.pdf，最后访问时间2018年11月27日。

[③] 有研究指出，《通知》和《指引》中存在的问题有：（1）部分指标导向和监管导向相反（如重大资产重组能够改善上市公司质量，特别是脱胎换骨式的重组，监管风险应当降低，但按照文件中的指标体系则为高风险类）。（2）排他性的假设使公司的所有指标都必须是完全正常的才能归为正常类，这就使正常类的公司很少，违背了分类初衷。（3）将上市公司不可控的因素（比如股价波动幅度、流通股权集中度）等也列入指标体系内，而事实上这些指标的变化往往受到国民经济、市场预期等多种因素的影响，而非上市公司本身能够把握的，因此以这些指标来判断上市公司的风险不太科学。（4）只将移送司法机关、立法稽查等事项纳入风险评价标准调整的范围，而未将日常监管措施纳入评分体系，这使得许多大错不犯、小错不断的公司风险分类失真等。参见黄立新、陈论、陈刚泰等：《上市公司分类监管研究》，《证券法苑》（第九卷），法律出版社2013年版，第764—779页。

但值得一提的是，2013年10月7日，上海证券交易所发布并正式实施了《上海证券交易所上市公司信息披露工作评价办法（试行）》（以下简称《评价办法》）①，《评价办法》指出：根据上市公司信息披露的实际表现进行评价计分，并结合上市公司遵纪守法及公司治理等综合情况进行类别划分，以实施分类监管，并在上市公司再融资、并购重组活动中据此出具监管意见。其中上市公司信息披露的实际表现不但会以信息披露的五大基本原则，即真实性、准确性、完整性、及时性、公平性作为衡量依据，还会对上市公司及工作人员在信息披露事务管理工作中的勤勉情况进行评价。② 这种从过程到结果、监管与自查相兼的评价过程使我国上市公司分类监管的实践迈出了实质性的一步，并为差异化信息披露体系的构建和行政审批的监管提供了依据和保障。

此外，近年来证监会在对证券公司、期货公司的监管中实施的分类监管见效良好，这对于上市公司分类监管具有重要的借鉴作用，在此笔者简单介绍一下。证监会分别在2010年5月和2011年4月修订发布了《证券公司分类监管规定》和《期货公司分类监管规定》，两则规定中用资本充足率、公司治理与合规管理、动态风险监控、信息系统安全、客户权益报告（客户资产保护）、信息披露6类评价指标并结合公司市场竞争力、持续合规状况、风险管理能力三项指标，将我国境内现有的证券公司和期货公司划分为5大类11个级别。③ 据此得出分类结果之后，监管机关可以按照分类监管原则，对不同类别的上市公司进行区别监管。比如施加不同强度和广度的监管资源、制定不同

---

① 参见上海证券交易所网站：http://www.sse.com.cn/lawandrules/sserules/listing/stock/c/c_20131204_3755193.shtml，最后访问时间2018年11月25日。
② 参见《上海证券交易所上市公司信息披露工作评价办法（试行）》第四条、第五条。
③ 参见《证券公司分类监管规定》（证监会公告〔2010〕17号）；《期货公司分类管理规定》（证监会公告〔2011〕9号）。

的风险指标并进行不同频率的检查等,进一步讲,即对于那些在分类评级中评价较高、风险较低的公司可以分配较少的监管资源,对于分类评价较低、存在重大风险的公司则多加关注,通过实施更为严厉的监管措施和更加频繁的督促指导以促进其规范运作、化解风险,达到合理配置监管资源、提高监管效率的目的。

从我国对证券公司和期货公司进行分类监管的规范指引和实践情况来看,有两点可以在差异化信息披露中引鉴。其一,分类与监管紧密结合。既包括分类与监管过程结合,即监管部门将上市公司在日常监管过程中的表现情况纳入评价计分,做好基础准备工作;也包括分类与监管措施结合,在评分基础上,对于评级较高的上市公司,可以实行部分信息简单披露、非重点披露甚至不披露,而对于评价较低的上市公司,则要详细披露,在某些特殊业务领域还要重点披露,从而体现不同的上市公司或出现不同情况的同一类上市公司在信息披露中的差别待遇。其二,评价指标的设计要科学合理。评级体系是分类监管的重点和基础,决定着分类监管实施的成败。因此,评级体系中的指标既要全面也要能够量化,减少监管人员的主观随意性。以证券公司为例,这些公司之间的业务相似、股权性质和结构也类似,因此实行分类评价的难度相对较小。而整个资本市场的上市公司所属行业众多,业务模式、成长性和风险来源都不尽相同,公司治理结构的区别也很大,因此如何结合上市公司的特点和投资者的信息需求做出一个严密、综合的分类评级体系是我们未来要研究的重点。

顺应市场交易主体分化、交易方式多样化的趋势,资本市场之间出现了分层结构。不同层次资本市场中,融资者的生命周期、组织规模有所区别,投资者的风险偏好和承受能力也不尽相同。不同行业间的上市公司,其经营模式、竞争格局和资本结构也存在区别,并且了解行业进入壁垒、替代性产品的竞争性等因素对于确定上市公司潜在发展空间和未来走向具有重要作用。而对于同一层次市场或相同行业的上市公司之间，可能因其治理结构和盈利能力的不同，在风险水平和信息披露动机方面有所差异。这些差异决定了能够反映公司价值和风险所在的信息侧重有所不同。据此，差异化信息披露的实施基础或曰表现形式，应当是在不同市场层次、不同行业以及对不同风险水平的上市公司之间适用不同的立法规范和监管措施，以督促上市公司披露更多非财务信息或契合公司实际情况的个性化信息。

第四章 上市公司差异化信息披露的实现路径

通过第三章的理论推演和实践归纳我们看到，差异化的信息披露可能存在于不同市场、不同行业以及不同风险水平的上市公司之间，那么在这些不同公司的信息披露当中究竟如何实现"差异化"的安排？接下来，本章将按照是否披露、披露什么、怎样披露的逻辑理路对上市公司信息披露内容和形式的差异化安排进行探讨。

第一节 强制披露与自愿披露

强制性信息披露的确立有助于缓解证券信息这种公共产品供给不足的困境，同时可以节约交易成本，提高监管效率，最终有利于投资者利益的保护。但在强制性信息披露范围不断扩张的趋势之下，我们也应当冷静思考该制度的合理效用及其局限。从投资者对信息的需求来看，他们需要的不仅是反映客观事实的各种"硬信息"，更需要能够反映公司未来发展空间和竞争实力的各种"软信息"；从发行人或上市公司信息供给的动力来看，对信息租金的追逐是信息披露的基本动力[①]，而强制性信息披露无法有效检测"软信息"的产生，也无助于激

---

① 信息租金表现为直接信息租金和间接信息租金两种。前者是指投资者利用信息能够获利；后者是指信息披露者通过信息披露获利，提高公司或个人价值。也即，信息披露在向投资者传递

发信息生产者产生充足的供给动力。因此，我们既需要在强制性信息披露之内找到一种更为缓和的实施方式，也需要在强制性信息披露之外鼓励自愿性信息披露来填充，以此实现信息供需双方的利益平衡。

一、强制性披露的局限及其边界

基于通识性的认知，在政府介入证券市场以前，证券市场上的信息披露最早以自愿披露的样态存在。但由于投资者众多，在完全自愿性信息披露制度下，信息需求者分别向信息供给者寻求信息公开，这种一一达成的自愿性信息披露契约的经济成本和时间成本都极其高昂，而且投资者也未必能全部消化。而强制性信息披露的出现将信息获取权赋予了投资者而对发行人课加义务。1720年英国《泡沫法》开创了信息披露制度，首次规定，公司对股东负有信息披露义务。此后，信息披露制度经历了一个不断发展、日趋强化的历史过程。英国1844年《股份公司法》则要求募股必须公开招股说明书。至20世纪30年代初，美国经济大萧条时期则是信息披露制度快速发展的时期，政府出于保护投资者利益，提高证券市场效率的目的，以强制性信息披露为主要工具全面加强对证券市场的干预。因此，经由一国法律法规或自律性规则明确规定发行人或上市公司必须进行披露的信息即为强制性信息披露，除此以外的信息披露都可归为自愿性披露。强制性信息披露自确立以后其范围迅速扩张，从"代理披露规则"逐步扩张到"价值披露规则"。[①] 美国"证券之父"罗斯说："整个美国联邦证券法贯穿

（接上页）信息的同时，披露行为本身就能减少公司价值被低估的可能，甚至增加公司的价值。参见王雄元：《自愿性信息披露：信息租金与管制》，《会计研究》2005年第4期。

① 以美国为例：首先，SEC通过行使国会授予的自由裁量权，借规章S-K（针对非财务项目做出的统一披露的规定）和C条例（针对前瞻性信息的披露制定了安全港规则，从此前瞻性信息也成为强制披露的内容）；其次，通过对法律的解释和适用，联邦法院还进一步扩展了强制披露的要求范围。根据 SEC. v. Texas Gulf Sulphur Co. 401F. 2d. 833. 2A.L.R.Fed. 190 (1968); TSC Industries, Inc. v. Northway, Inc. 426 U. S. 438, 96. S. Ct. 2126 (1976); Basic Inc. v. Levinson, 485 U.S. 224, 108. S.Ct. 978 (1988) 三个案件的判决，发行人必须披露一个理性投资者认为是重要的所有信息。

了一个反复出现的主题：一开始是信息披露，接着还是信息披露，然后是越来越多的信息披露。"但其本身从未摆脱长久以来所面临的困境和批判。早期对强制性信息披露的质疑主要集中于"公平"视角[1]，近来则转向"效率"视角。批评者主张，发行人或上市公司具有自愿披露的充足动力而无须法律施以强制执行力[2]，同时，强制性披露所增加的监管成本和合规成本也不利于市场效率的提高。强制性信息披露制度的功能被不恰当地夸大了，甚至被认为是一个从不失败的神。[3] 但也有部分相对缓和的观点，他们指出，信息披露本无上限，而强制性披露只要保有一定限度，即可有利于信息披露有效性的加强。[4]

笔者认为，一方面，基于发行人或上市公司具备一些自愿披露的基础动力来责难强制性信息披露可能过于理想。其重要缺陷在于忽视了公司内部控制权转移和使用的交易属性，而期待管理层和股东之间的委托合作。[5] 另一方面，着眼于强制性信息披露的监管成本而认为其制度无效的推论可能过于片面，毕竟在经济学意义上，如果一项制度所增加的交易收益大于其可能消耗的交易成本时，该制度便是有效的。[6] 于强制性信息披露而言，其对证券市场效率的提升显然远高于制度实施各项成本之和。但与此同时，强制性信息披露的固有局限性也

---

[1] 例如，George J. Stigler 和 George J. Benson 等人的研究指出，强制性信息披露制度实施以来投资者从新发行证券中获得的投资收益并未提升。参见 George J. Stigler, "Public Regulation of the Securities Markets", *Business Lawyer*, vol. 19, no. 3, 1964。

[2] 强制性信息披露的挑战者认为，即使没有政府管制，主要披露的边际成本不高于边际效益，发行人也会自愿披露信息。参见 Frank H. Easterbrook and Daniel R. Fischel, "Mandatory Disclosure and the Protection of Investors", *Virginia Law Review*, vol. 70, no. 4, 1984。

[3] 欧姆瑞·本·沙哈尔、卡尔·E. 施奈德：《过犹不及：强制披露的失败》，陈晓芳译，法律出版社 2015 年版，第 6 页。

[4] 参见 Anne M. Khademian, *The SEC and Capital Market Regulation: The Politics of Expertise*, University of Pittsburgh Press, 1992; Elaine A. Welle, "Freedom of Contract and the Securities Laws: Opting Out of Securities Regulation by Private Agreement", *Washington and Lee Law Review*, vol. 56, no. 2, 1999。

[5] 参见小约翰·科菲：《市场失灵与强制披露制度的经济分析》，徐菁译，《经济社会体制比较》2002 年第 1 期。

[6] 参见约翰·R. 康芒斯：《制度经济学》，赵睿译，华夏出版社 2013 年版，第 82 页。

应随其正当性一同被察觉。鉴于国内外研究强制性信息披露正当性的文献已经很多①，笔者仅就强制性信息披露的局限及其边界进行分析。

（一）强制性披露的客观局限性

第一，从规则供给角度讲，弥补证券市场信息不对称曾是论证强制性信息披露制度正当性的重要依据，但同样，不对称的信息特性也注定了强制性信息披露制度不能达到理想般的充分有效。②直接原因在于：立法者和监管者（统称为"规范供给者"）所掌握的信息不够完整——他们与投资者一样处于公司管理者之外，规则供给者于事前可能并不能因其特殊身份而掌握比投资者更多的证券信息，即对于被约束者——证券发行人——拥有或掌握哪些信息，监管方并不清楚。③强制信息优势方披露信息能有效解决信息弱势方的信息匮乏问题，但在网络社会环境下，信息泛滥、信息超载是许多领域存在的普遍问题。证券监管部门依然鼓励信息披露的政策导致上市公司所释放的信息越来越多，格式化、形式化、"八股化"越来越严重。海量信息淹没了核心信息，加重了投资者的信息负担，使人们不知所从。在法律经济学理论看来，当信息收集和阅读的边际成本等于投资者的边际收益时，信息收集与阅读活动就会停止。因此，信息超载问题挑战了在证券法中居于核心地位的信息披露哲学的有效性。④人类的注意力、记忆力及信息加工能力都是有限的，很容易迷失在信息的汪洋大海中，而且信

---

① 参见高西庆：《证券市场强制信息披露制度的理论根据》，《证券市场导报》1996年第10期；张力：《上市公司信息披露与分析》，西南财经大学出版社2005年版。

② 参见王惠芳：《信息披露监管：强制披露与自愿披露的协调》，《审计与经济研究》2007年第5期。

③ 参见 Nemit Shroff, Amy X. Sun, Hal D. White and Weining Zhang, "Voluntary Disclosure and Information Asymmetry: Evidence from the 2005 Securities Offering Reform", *Journal of Accounting Research*, vol. 51, no. 5, 2013。

④ Toy A. Paredes, "Blinded by the Light: Information Overload and Its Consequences for Securities Regulation", *Washington University Law Quarterly*, vol. 81, no. 2, 2003。

息处理能力也会下降。对此，国外学者早有认识。默顿·米勒说，美国证监会动辄以"阳光是最好的防腐剂"为其日益增多的信息披露监管要求辩护，而从来不进行成本与收益分析，但过多的披露就像是耀眼的光线，也会令人头晕目眩。[1]

第二，从规则执行角度讲，对于一些从外部不可观测或不可核实的公司信息，强制性披露制度无法规制。在信息不对称的前提下，信息经济学按照信息强弱性和确定性的不同进行了两组细分："可观测和不可观测信息"和"可核实和不可核实信息"。"可观测和不可观测信息"两者的区分标准是：披露信息时披露义务人是否获取信息及其披露动机能否被外部人所看到[2]；"可核实和不可核实信息"两者的区分标准是：外部人能否验证信息披露义务人所披露信息真实与否。据此可以把公司披露的所有信息分为以下四种类型：可观测可核实信息、可观测不可核实信息、不可观测可核实信息以及不可观测不可核实信息。

着眼于第一种"可观测可核实"的信息，其披露动机可以被外部观测，披露内容也可核实（如财务报表信息），因此又被称为"硬信息"。这也是强制性信息披露规则可以执行的空间。对于第二种"可观测不可核实"的信息，虽然强制性信息披露制度可以监管其是否披露，但无力核实真假与否（如报表附注信息、预测性信息等）。如果仍然强制披露这类信息，则容易引发信息披露义务人的造假动机，增加机会主义行为；针对"不可观测可核实"和"不可观测不可核实"这两种信息，也即通常所讲的"软信息"，信息披露义务人是否掌握或披露是否真实，

---

[1] 加里·贝克、罗纳德·科斯、默顿·米勒等：《展望法与经济学的未来》，《比较》2005年第19期。

[2] 进一步讲，如果公司没有披露某种信息，外部人可知是公司收到该信息但不愿意披露，还是公司根本没有收到该信息，则为可观测信息，否则即为不可观测信息。参见唐纳德·E. 坎贝尔：《激励理论：动机与信息经济学》，王新荣译，中国人民大学出版社2013年版，第119页。

无从得知更无从验证。所以强制披露制度对这类信息的规制完全无效。下面以图4-1进一步说明强制性信息披露对这四类信息的规制区域：

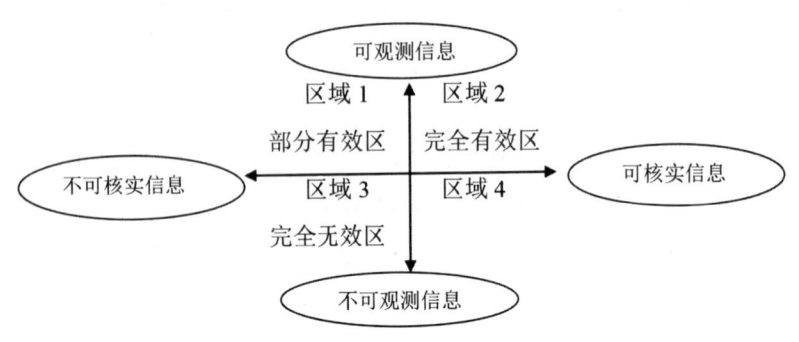

```
                    可观测信息
              区域1    ↑    区域2
           部分有效区  │  完全有效区
  不可核实信息 ←──────┼──────→ 可核实信息
              区域3    │    区域4
                    完全无效区
                      ↓
                    不可观测信息
```

图4-1　强制性信息披露制度的作用空间

（二）强制性信息披露的边界

通过上述分析可知，强制性信息披露有着天然的局限，但这种局限并非无法克服。可能的破解方式为：将强制性信息披露的规范供给控制在一个合理范围之内。对此，我们同样可以从规则供给和规制目标两个角度来证成这种边界存在的合理性和必要性：

其一，从供求平衡来讲，强制性信息披露应在供给与需求之间寻找适度。

强制性信息披露的产生原因是为了缩短或弥补投资者与信息供给者之间的期望鸿沟，但事实上，投资者对信息的需求并非无止境，信息过量就是例证。比如，根据吉尔森（Ronald J. Gilsen）和克拉克曼（Reinier H. Kraakman）以投资者获取信息的渠道和对信息需求两方面的差异对投资者进行的分类可知[①]，投资者既可以从证券分析师那里获取信息，也可以通过向派生交易者转让资金而降低对信息的直接需

[①] 吉尔森（Ronald J. Gilsen）和克拉克曼（Reinier H. Kraakman）将投资者分为四类：靠大众性公开信息交易者、靠专业性公开信息交易者、靠派生信息交易者、无信息交易者。就这四类投资者而言，其获取信息的渠道和对信息的需求程度都有不同。

求①。再如，从部分券商对我国证券发行信息披露质量进行问卷调查所得结果来看，大部分公众投资者阅读财务报表等专业信息的可能性较低，大部分阅读内容仍局限于描述性信息。②同样，从发行人或上市公司的角度看，信息供给也不能无限加大，否则将会受到信息披露成本和商业秘密保护风险的制约，所以强制性信息披露需要在供给与需求之间寻找平衡。

其二，从规制目标来看，强制性信息披露应在效率与公平之间寻找适度。

我们一直强调，强制性信息披露制度的合理性基础在于促进证券信息生产传递的公平与效率，研究数据也表明强制性信息披露制度的实施减少了价值偏离，减少了证券信息分布不均的局面，同时也优化了资本在市场间的配置格局。③但我们也应明了，强制性信息披露制度在产生之初只是希望通过"代理信息披露规则"来矫正处于信息劣势地位的被代理人（投资者）利益受到代理人（公司管理人）的侵害④，

---

① 尽管证券分析师的工作也需要相应的会计信息，但由于其专业的分析方法和规模效应的优势，他们对上市公司披露信息需求的重点、数量与质量以及详尽程度均有所不同，而且更多依赖于非会计信息，比如环境分析（宏观研究、行业研究、公司治理）、战略分析、经营成果分析等。

② 在 2012 年 4 月 16 日到 4 月 20 日期间，中信证券股份有限公司研究部的工作人员向中信证券股份有限公司及其控股的中信证券有限责任公司和中信万通证券有限责任公司在湖北、湖南、山东、陕西、上海、四川和浙江 7 省市共 50 家营业部的 1000 名公众投资者（其中 92% 客户的证券资产总值在 10 万—200 万之间）就招股说明书中的投资者信息需求发放调查问卷，共收回 921 份。并在此后组织营业部投资顾问对中小客户进行调研，了解公众投资者对招股说明书信息披露的感受以及意见反馈。参见赵立新、黄燕铭：《构建以投资者需求为导向的上市公司信息披露体系》，中国金融出版社 2013 年版，第 140—144 页。

③ 参见小约翰·科菲：《市场失灵与强制披露制度的经济分析》，徐菁译，《经济社会体制比较》2002 年第 1 期。

④ 在信息经济学中，拥有"私人信息"（private information）的当事人是委托人，不拥有私人信息的当事人是代理人。由于双方当事人都努力实现自身利益最大化，代理人就有可能利用信息优势做出损人利己的行为。参见约瑟夫·斯蒂格利茨：《信息经济学：应用》，中国金融出版社 2009 年版，第 17—19 页。而我们把委托人和代理人之间的信息隔阂称为"代理信息"，继而，矫正因代理关系所引起的信息不对称的披露规范称之为"代理信息披露规则"。

而并没有演变为"价值信息披露规则"的野心①。

公司是"一系列合约的联结"或"代理关系的网络"②，合同自由与公司自治是现代公司法的精神实质。从功能上讲，公司法可以作为公司合同拟制的标准条款，或起到漏洞补充的作用，当然在特定时候还可以拨正微小偏离公正与效率目标的行为。③与此三种功能相对应的公司法规范也可以分为三种：授权性规范、补充性规范和少部分的强制性规范。为了帮助当事人节省合同的谈判费用、履行成本和保护合约弱势一方的正当利益，公司法提供了诸如此类的格式化条款。而无论从结构还是功能上讲，证券法也不过是资本市场中的公司法，因此，作为证券法核心条款的"信息披露规范"需要考虑如何设计才能够使理性当事人在交易成本较低时通过谈判达成协议，也即，帮助当事人节省交易成本。④

显然，代理信息披露规范属于这类条款。与代理行为相关的信息显然属于偶然获取的信息，由立法者或市场监管者提供标准形式的信息披露规范，强制代理人（公司发起人或管理人员）向委托人（投资者或股东）披露存在利益冲突或证明其尽到勤勉义务的相关信息，从而降低当事人的谈判、履约成本，增强委托人信心，建立起互惠互利的代理关系。并且，相较于价值信息⑤，代理信息属于"可观测可核实"

---

① "价值信息披露规则"是指强制发行人和上市公司披露与证券价值有关的任何重大信息。参见苗壮:《美国证券法强制披露制度的经济分析》,《法制与社会发展》2005 年第 2 期。

② 根据"公司合同理论"支持者（Ronald Coase、Alchian、Demsetz 以及 Jensen 等人）的观点,公司内外均不存在所谓的"权力"或"权威",公司与市场中任何两个人之间的自由协商机制没有任何区别。参见 Armen A. Alchian, Harold Demsetz, "Production, Information Costs, and Economic Organization", *The American Economic Review*, vol. 62, no. 2, 1972.

③ 参见罗培新:《公司法的合同解释》,北京大学出版社 2004 年版,第 75—78 页。

④ 参见 Geert T. M. J. Raaijmakers, "The Effectiveness of Rules in Company and Securities Law", http://papers.ssrn.com/sol3/papers.cfm?abstract_id=932022,最后访问时间 2014 年 12 月 2 日。

⑤ 价值信息是指与证券价值有关的信息,包括历史信息（如业务种类、财产清单等）和未来信息（如经营计划、对未来的预测、资产的现值等）。这类信息不但能够直接帮助投资者评估证券的价值,而且也能间接帮助他们评价管理人的业绩。

的信息，其含义清楚、范围有限，易于搜集、加工和鉴别。由此推之，实施代理信息披露规范的成本较低。那么价值信息披露规范是否具有合理性基础？我们应当考虑这类信息是否具备"可观测可核实"的信息特征，其中一个重要的考量因素即信息能否被准确表述。越能够被准确表述的信息，就越能被准确核实，强制性信息披露规范也因此就越能被有效实施。

一般来看，与证券历史价值有关的信息，如公司业务种类、财产核算、历史成本等属于"可观测可核实"的信息，而与证券未来价值有关的信息，如经营环境变化、经营计划调整对公司盈利能力的影响等类似信息，既不能被准确观测也不能被准确核实。此外，有些前瞻性信息属于商业秘密，强制披露这类信息可能有损公司的竞争优势，以牺牲信息披露义务人的应得利益换取投资者的利益会属于变相的不公。因此，最好由当事人在权衡利弊的基础上自主决定是否披露以及如何披露，这样既能降低强制披露规则的实施成本，也能保证所披露出来的信息尽量真实。

基于上述两点，强制性信息披露必须被控制在合理范围之内，该范围的确定应当通过收益、成本的权衡来分析。同时，集中于代理信息以及与证券价值有关的历史信息可以用传统的硬性披露方式来规制，而余下的空间则需要采用灵活的软性规制路径及自愿性信息披露来填充。

二、强制性披露的软化路径：不披露即解释

（一）"不披露即解释"基本释义

"不披露即解释"或"解释性披露"规则（explanatory disclosures）是部分国家和地区对上市公司治理信息披露所采取的一种规范方法。具体是指，允许本国或本地区境内的上市公司对本来应当遵守

的《上市公司治理准则》进行选择性适用①,既可以选择完全遵守这些规则,也可以对其中的部分条款排除适用,但必须在公开披露的文件中对其排除适用部分条款的原因进行解释,并说明所采取的替代性做法,这种模式又被称为"遵守或解释"模式(comply or explain approach)。"解释性披露"是"不披露即解释"模式的核心要素。因为市场机制的运行效果在很大程度上取决于公司就治理问题进行了怎样的披露。②一般而言,上市公司需要解释披露的内容包括:(1)声明公司各项运作安排是否遵守准则建议;(2)如果没有遵守的,需要特别指出,并做出相应的解释和说明;(3)对此采取了哪些替代性措施。③

该方法最早是在英国1992年发布的"卡德伯利公司治理报告"(Cadbury Report)中被提出,报告指出了公司治理的"最佳行为准则",但是没有赋予其强制约束力,LSE仅要求上市公司在其年度报告中公开披露公司的各项安排是否与准则建议一致,如有不一致之处

---

① 《上市公司治理准则》是指由政府机构或各种自律组织针对本国或本地区内上市公司的治理出台的指导性规范。在境外,制定类似公司治理《准则》的主体相当多元,既有政府机构、半政府机构,也有许多自律组织或民间组织,多为倡导性规范,因此,以准则(code)、原则(principle)、建议(recommendations)、报告(report)、指引(guide)等命名的较多。我国现行的《上市公司治理准则》(证监发〔2002〕1号)由原证监会和原国家经贸委共同发布,虽因没有经过时任证监会主席签署而不能明确定性为部门规章,但在实践中,该《准则》具有强制约束效力。这体现在:(1)上市公司必须根据《准则》所阐述的精神改进公司治理;(2)上市公司修改或是制定的公司章程及治理细则应当体现《准则》所列明的内容;(3)《准则》可以作为司法裁判的依据。参见(2003)深罗法民二初字第1727号《深圳市某工贸有限公司诉深圳某酒店股份有限公司侵害股东权纠纷案》、(2011)东民初字第00883号《北京怡和百生科贸有限公司诉刘秋曼损害公司利益责任纠纷案》。

② 参见Annaleen Steeno, "Corporate Governance: Economic Analysis of a 'Comply or Explain' Approach", *Stanford Journal of Law, Business & Finance*, vol. 11, no. 2, 2006; Oliver Krackhardt, "New Rules for Corporate Governance in the United States and Germany—A Model for New Zealand", *Victoria University of Wellington Law Review*, vol. 36, 2005。

③ Corporate Governance Committee, The Belgian Code on Corporate Governance, p. 10, http://www.corporategovernancecommittee.be/library/documents/final%20code/CorpoGov_UK.pdf, 最后访问时间2018年12月2日。

说明理由。因此，该方法又被称为"自愿遵守＋强制披露"或"If not, why not"。2003 年 LSE 在颁布新的《公司治理联合准则》时，该方法被继续采用。此后陆续被欧盟的多数国家和我国香港地区借鉴。①

（二）"不披露即解释"的正当性依据

"不披露即解释"并非是一种强制或变相强制的外部监管路径，而是有着契约性质的理论依据。② 具体体现在以下四个方面：其一，在承认公司之间存在差异性的前提下，赋予公司以更大自由。如前所述，公司是一组"默示"或"明示"合同的联合③，公司法律不过是提供一种制定合同的补充范本，而不是替代当事人协商。对不同公司而言，没有哪一种治理模式是最佳选择。虽然那些强制性规范在充当公司标准合同范本的同时也可以针对少数公司规定一些例外或豁免情况，但这种区分调整模式常常只适用于少数公认的情形，在真正应对单个公司的特殊性方面仍然无从下手，所以实施成本很高。在"不披露即解释"规则下，公司当事人可以根据自身的特殊需求和特殊偏好选择是否适用一些条款，使得公开披露的信息能够提高证券市场的整体效率。其二，该规则提供了一种分散性的试错机会。"不披露即解释"使公司治理结构和经营模式随着市场环境的变化迅速做出调整和回

---

① 根据 OECD 在 2003 年发布的《OECD 成员国公司治理发展报告》，英国、德国、比利时、意大利、荷兰、波兰、葡萄牙、澳大利亚、新西兰、加拿大等国的《公司治理准则》的实施已经采取此种模式。参见 Org. Econ. Cooperation and Dev, "Survey of Corporate Governance Developments in OECD Countries 27", http://www.oecd.org/dataoecd/58/27/21755678，最后访问时间 2018 年 12 月 2 日。

② 传统的公司治理模式主要依赖于公司内部自治和外部监管两种路径：内部自治主要规范公司内部合约安排的相关事项，其规范依据是公司法，通过调动公司内部各利益主体，利用任免、决策、激励三大机制形成内部制衡，表现为较稳定的治理结构。外部监管主要针对因市场本身缺陷而使外部利益相关者无法观测到公司内部事项并可能因此受到伤害，因此监管者要求公司履行强制信息披露义务等。

③ 参见罗纳德·科斯：《企业的性质》，载盛洪主编：《现代制度经济学》（上册），北京大学出版社 2003 年版，第 105 页；布莱恩·R.柴芬斯：《公司法：理论、结构和运行》，林华伟、魏旻译，法律出版社 2002 年版，第 2 页。

应。① 相关公司可以排除适用准则条款，同时也可以为公司治理法规或规范提供可参考的修正模式和机会，甚至引起有利的制度竞争。正如 Romano 教授指出的："有效的公司和证券法规定是有竞争力的法律体系的产物，这种法律体系允许借助试验和错误将法律革新从下至上地慢慢延伸，而不是由远离公司日常运行的监管者从上至下地强行施加。"② 其三，有利于提高投资者的信息分析能力。"不披露即解释"规则发挥着向市场传递替代性信息的作用，因此，科学规范这种行为显得尤为重要，很多国家都规定了相应的披露要求和披露标准。③ 这些要求和标准帮助投资者至少获得以下信息：（1）公司董事或管理层是否充分认识到强制性信息披露规范的内在目的；（2）公司董事或管理层是否充分认识到公司不适用该规范的根本原因；（3）公司董事或管理层是否采取了替代性或弥补性措施；（4）这些替代性或弥补性措施对

---

① 就监管者制定的强制性信息披露规范而言，其本身的广度和深度也是一个待证命题。如果一经确定就强制所有公司都来执行，就是一个集中的试错过程。一旦证明错误，则属于错上加错，试错成本极高。相较而言，分散性试错的成本更低。不同公司根据自身情况具有排除适用的选择权，公司可以随时根据试错结果及时而快捷的进行调整，即使相关规范是错误的，也不会像强制性规范那样给所有公司都带来试错成本。同时，试错过程本身是一种对错误采取批判性的、建设性的态度并逐渐消除不适应的理论过程，经过一定期间的分散性试错以后，各个公司所采取的替代性措施及其解释说明大多是经受过市场检验、符合公司自身特质、接近最佳模式的治理措施。

② Roberta Romano, *The Advantage of Competitive Federalism for Securities Regulation*, 2nd edition, Aei Press, 2003.

③ 例如，如果公司没有根据规范建议设立"审计委员会"，不能仅仅公开解释曰"公司及其董事会规模很小，而且董事会能够充分承担该职能"等。更标准的解释范例是："董事会没有成立审计委员会，原因在于整个董事会仅有三名董事，且他们一致认为：由董事会作为一个整体去履行本应由审计委员会履行的职责可以更加高效。而且，董事会也采取了相应措施来确保财务报告的真实性和完整性。这些措施具体如下：（1）董事会议事规则中已载明本应由审计委员会履行的职责；董事会将每年定期对规则进行审阅并确保这些职责得以实际履行。（2）在董事会递交年度报告和半年度报告之前召开特别会议，确保各方面情况在这些报告最终发布之前已被充分考虑，有充分的机会进行改进或听取管理层和外部审计人员建议。（3）董事会履行这些职能时，由具备正式审计资格的 A 先生担任董事会主席（以替代担任日常事务董事会主席的 Y 先生）。（4）在执行董事 Z 先生缺席时，董事会例会将邀请外部审计人员参加，并确保就任何议题或审计人员关注的问题进行开放而坦诚的讨论。" ASX Corporate Governance Council Implementation Review Group, "'If not, why not' Corporate Governance Reporting Examples", http://www.asx.com.au/index.htm，最后访问时间 2018 年 12 月 2 日。

公司发展产生了怎样的影响；等等。这样，投资者不仅对公司的实际情况和未来发展方向有了清晰而具体的认知，同时也能从侧面观察公司董事或管理层对相关问题的重视程度以及改进的素质和能力，这点对投资者而言尤为重要，因为一批优秀的管理层对于一个公司的发展有着举足轻重的意义。通过强制性的披露并解释偏离规范的行为，可以从侧面去引导投资者关注这些规范的重要性，并对公司披露的信息加以分析。在分析过程中投资共同体的经验水平将获得普遍性提高。

其四，有助于提高市场关注度。"不披露即解释"规则下的强制性披露内容是一套默示条款，如果公司没有行使排除性的"选择权"，即意味着它们要按照规定全部遵守并公开披露，而且一般情况下投资者会认为公司遵守这些规范是普遍的（包括任意型规定）；而一旦公司对某些条款行使了排除性"选择权"，并自主制定了替代性措施，这就像是从一排黑色纽扣中抠出几粒，然后再钉上几粒白色纽扣那么显眼，必将引起市场更大的关注。而且，对于"选择性"的偏离行为，投资者的第一反应就是管理层是不是想要规避什么？换言之，投资者将是怀着极为谨慎和质疑的态度来看待公司随后对该偏离行为做出的解释说明；尤其是机构投资者，他们具有专业知识和丰富经验，对于公司的偏离行为必然极为敏感；而公司董事或管理层也肯定有着这样的预期，他们也会意识到对强制披露内容的"选择性"适用或排除将加大市场的关注度，所以在考虑是否采取偏离行为以及何种替代措施时必将是慎之又慎。

（三）"不披露即解释"的规范结构

目前，从已经采取"不披露即解释"规则的国家实践情况来看，这种解释性义务仍然需要在具有强制执行力的规范文件中得到确认。就此，存在着两种不同的确认方式：借助证券交易所的上市规则（如英国和澳大利亚），或颁布具有强制力的公司治理准则并明确实施对象（如比利时和瑞士）。但需注意的是，无论是证券交易所还是其他监管机构颁布的规范性文件，并非所有内容都可以适用"不披露即解释"规则。实践中，这些规范内容一般包括三个部分：原则性规范、条款性规范和指引性规范。"原则性规范"体现了准则的价值取向，其内涵宽泛，被认为是良好的公司治理结果所必须具备的，所有公司都应当无一例外的遵守[1]；"指引性"规范属于完全宽松型的建议，即使不遵守也无须做出解释说明，因此这二者都不适用"不披露即解释"规则，只有"条款性规范"才会适用[2]。依此可见，"不披露即解释"的规范结构属于复合型样态：一方面，公司治理准则的具体条款是任意性规范，公司可以根据自身的资本结构、行业特点和经营策略自由选择是否遵守。这充分体现了对市场经济主体自我判断的尊重和对市场机制的信心。另一方面，公司的披露和解释义务是强制性规范，即公司必须在定期报告中将其报告期间内对公司治理准则的执行情况予以披露并解释。

当然，学界对"不披露即解释"规则的质疑也从未停息过。比如有学者指出该规则根本无法提高证券市场的有效性。[3] 然而，在笔者看

---

[1] 比如英国《公司治理联合准则》中"前言"第4条规定："本准则包括主要性、支持性的原则和条款。"现行 LSE 的上市法规要求上市公司必须发表一份涉及该准则内容的披露"声明"。在声明的第一部分，上市公司就必须报告它是如何执行该准则中的各项原则。参见 "The Combined Code on Corporate Governance", http://www.fsa.gov.uk/pubs/ukla/lr_comcode 2003.pdf, 最后访问时间 2018 年 12 月 3 日。

[2] 同样，英国《公司治理联合准则》中"前言"第4条同时规定："……在声明的第二部分，上市公司有两种选择：或者确认它遵守了本准则的具体条款，或者在其没有遵守这些条款的情况下对没有遵守的部分给予解释说明。"参见 "The Combined Code on Corporate Governance", http://www.fsa.gov.uk/pubs/ukla/lr_comcode 2003.pdf, 最后访问时间 2018 年 12 月 3 日。

[3] 有学者认为："解释性披露"假定了投资者为获取信息会采取必要的行动，但事实上很多投资者并不会真正去阅读公司年度报告。即使所有投资者均具有阅读年度报告的动机，他们也可能不会去评估这些信息。对公众投资者而言，他们不知道管理者对规范的偏离行为带给公司的各种影响；同时他们缺乏有关公司发展的知识和经验，因而无法判断某个解释是否是可以接受的。所以"解释性披露"并不会实际提高股票市场的有效性。参见 Toronto Stock Exchange Request for Comments, Corporate Governance Policy-Proposed New Disclosure Requirement and Amended Guidelines, http://www.tsxventure.com/en/pdf/notices/2002-113.pdf, 最后访问时间 2014 年 12 月 5 日。

来，这些质疑未必可以成立。其一，遵守率固然是判断一项规范实行情况的重要尺度，但遵守率不能等同于法律的执行效益。前者只是全部规范对象中完全遵守规范的对象所占比例，而后者是某项规范执行过程中给社会带来的整体效益，其主要取决于法律本身的合理性、遵守成本和遵守收益等。于某项具体规范而言，高遵守率未必会带来高的法律执行效益，如果规范本身和公司的个体特性不相符合或契合程度较小，则必将给公司带来较大的遵守成本。反之，低遵守率也未必意味着法律执行效益低，因为在正常情况下，公司之所以选择不去遵守某项规范，一般都是出于理性的判断结果，即管理层通过对执行该规范的成本付出和获益进行比较之后发现，遵守的收益反倒为负。此时，不遵守反倒比遵守行为有着更高的社会效益。其二，在发展成熟的证券市场上所交易的股票，其价格通常受专业投资者的影响较大。他们会花费时间去认真阅读年报并仔细分析公司偏离行为的合理性以及所采取的替代性措施对公司未来产生的一系列影响。[①] 当股价不能反映它的未来价值时，专业投资者将相应地买进或卖出。如果专业投资者真的不能使所有信息都在股票价格上得到正确反映，或对公司偏离行为所产生的影响评估不准确，那么相较而言，立法者们更没有能力和动机去准确评估。

综上所述，我们看到将"强制性披露"软化为"强制的解释性披露"是对市场执行机制的强化，打破了传统的"制定—遵守或违反"的二元模式，由"外生性规制"转化为"内生性规制"。既没有加重投资者的信息搜集成本，也能够基于对上市公司之间客观差异的关注而赋予其变通执行的权利，缓解了立法者与守法者之间紧张的对抗状态，从而进入一种更惬意的法律状态。

[①] 弗兰克·伊斯特布鲁克、丹尼尔·费希尔：《公司法的经济结构》，张建伟、罗培新译，北京大学出版社 2005 年版，第 20—21 页。

三、自愿性信息披露的补充供给

（一）自愿性信息披露的存在意义

除了以"不披露即解释"规则对强制性信息披露进行软化以外，还需要以自愿性信息披露的方式对强制性信息披露进行补充。从图 4-1 我们看到，自愿性信息披露可能会在区域 1、区域 3 以及区域 4 中发挥作用。如果说这只是为了弥补强制性信息披露的不足而寻求的一种权益性安排，那么进一步的分析我们将看到，自愿性信息披露本身还有更为积极的意义：其一，为投资者决策提供更有用的信息。前面我们已经反复提到，于投资者而言，获得一些非财务性或者前瞻性信息更有利于其进行投资决策。但监管者无法观测或穷尽规定这些信息，而自愿性信息披露是市场导向的，强调事前激励、事后惩罚和效率理念，通过市场调节来决定信息供给的数量和质量。但自愿性信息披露最终能够在多大程度上调整资本市场资源分配不均的现实，则取决于它是否能从其他渠道提供包括监管信息披露规范以外的公司信息。其二，促进公司治理结构改善。自愿性信息披露可以将公司控制权变动、关联交易等敏感信息让外部人觉察，进一步扩大监督范围，反向促进公司治理结构的改善。其三，维护和提升公司自身信誉。契约的不完备性是委托代理关系的重要前提假设，加之风险出现的不确定性，这就意味着代理人的行为可能隐藏着道德风险。在一批上市公司披露虚假信息的丑闻曝光后，投资者对发行人和上市公司的信息披露产生了普遍的不信任，在这种情况下，一批信誉优良、经营业绩较好的公司选择了自愿性信息披露，表明公司在环境保护、社会保险等方面所做的努力和取得的成果，这样可以消除公众疑虑，提升公司在投资者心目中的形象和公信力。[①] 此外，还有学者指出自愿性信息披露可以降低

---

① 黄晓曼、陈丽英：《不完备契约下自愿性信息披露的有效管制》，《财会月刊》2006 年第 5 期。

公司诉讼成本、提高股票流动性和增加公司价值等①,笔者不再一一赘述。而我们所要关注的是,在强制性信息披露与自愿性信息披露的互补关系中,前者会抑制或影响后者②,同时二者之间还可能发生转化。随着社会的发展变化,目前是自愿披露的信息,以后可能会成为强制披露的信息;同样,原本属于强制披露的信息也可能在后来被归为自愿披露的范围。③此外,国家经济、政治以及法律体系的不同也会导致各国在信息披露立法方面存在差异,在某些国家法律框架下必须披露的信息在另一些国家中可能并不存在。④

(二)自愿性信息披露的渠道

自愿披露信息的渠道通常有以下三种:第一,在公司招股说明书、上市公告书或定期报告(如年报、中报、季报)中披露,如管理层的讨论与分析、近期的发展机遇或履行的社会责任等,这些信息倾向于"定量"或"定性"性质。第二,与承销商、保荐人或机构投资者的私下沟通。这种沟通不会公开,一般是在公司发布公开报告以后又宣布了重大事项,相关市场参与者常常希望公司就该重大事项的行为动机和影响效果做进一步的解释和澄清。第三,将有关公司核心竞争能力或从事的公益活动通过新闻媒体或召开发布会的形式发布出去。这种披露方式的优势在于主题明确、具有针对性,影响面广,能够引起市

---

① 孙燕东:《证券市场自愿性信息披露与投资者保护问题研究》,《经济问题》2008年第6期。
② 研究表明,强制性信息披露不可能阻止虚假信息的披露,而会抑制自愿性信息披露,并且会诱导一些公司采取只披露好消息或只披露坏消息的部分披露策略。而自愿性信息披露是否最佳,是由强制性信息披露的质量、资本成本、激励成本之间的函数关系决定。参见 Joshua Ronen, Varda (Lewinstein) Yaari, "Incentives for Voluntary Disclosure", *Journal of Financial Markets*, 2002, pp.349-390, http://pages.stern.nyu.edu/~jronen/articles/incentives_voluntary.pdf,最后访问时间2018年12月5日。
③ 例如,对于环境保护方面的信息,在我国加入WTO以前是属于自愿披露的信息,但在加入WTO以后,这方面的信息就转化为强制披露的范畴;对于公司的盈利预测在2000年4月以前是强制披露的,但在2000年4月6日以后,根据新的法规规定就属于自愿披露的信息。
④ 例如,关于公司雇员的信息,在英国、澳大利益等国属于强制披露的信息,而在欧洲大陆许多国家都是自愿披露的信息。

场关注。但缺点在于如果公开承诺以后没有及时兑现，公司及其管理层可能面临声誉危机，严重时还可能需要应对投资者的诉讼。

（三）自愿性信息披露的基本内容

自愿性披露的自主特征，决定了其内容具有多样化和广泛性。既有企业内部信息，又有外部环境信息；既有关于过去的历史信息，又有关乎未来的预测信息；既有定量信息，也有定性信息。但自愿性披露的内容以强制性披露为基础，凡是在强制性披露以外的都可以确认为自愿性披露。所以基于不同国家对强制性信息披露范围的不同规定，自愿性信息披露内容的国别差异较为明显。比如调查研究表明，美国和英国的自愿性披露信息侧重于战略信息（研发战略、销售预测、订单信息）、非财务信息（雇员信息、环保计划、慈善捐赠）以及部分财务信息。[①] 日本的自愿性披露信息包括背景信息、经营概况、关键的非财务信息、新项目信息、管理人员讨论与分析。[②] 同时有学者指出，自愿性披露的内容在早期多从信息供给者的角度确定和描述，后来逐渐兼顾需求双方的利益，近几年来更加注重提升公司透明度并改善与投资者的关系。[③] 笔者认为，这也是因为整个证券信息披露目标逐渐向"投资者决策有用性"的方向明晰。

不过就其本质而言，自愿性信息披露是信息披露义务基于成本收益的权衡以后自愿进行从严遵循或补充披露的行为结果，其内容和质量更多依赖于公司自身的利益驱动。但如果这种行为不受任何约束，放任自流的信息质量将无法得到保障，最终不但不能增强市场效率，

---

① 参见 Gary K. Meek, Clare B. Roberts and Sidney J. Gray, "Factors Influencing Voluntary Annual Report Disclosure by U. S, U. K, and Continental European Multinational Corporations", *Journal of International Business Studies*, vol. 26, no. 3, 1995。

② W. R. Singleton, Steven Globerman, "The Changing Nature of Financial Disclosure in Japan", *The International Journal of Accounting*, vol. 37, no. 1, 2002。

③ 参见梁飞媛：《中国上市公司自愿性信息披露与监管》，经济管理出版社2011年版，第12页。

反而可能成为一种市场噪音。因此，通过法律对自愿性信息披露的质量进行引导、规范是保持其生命力的必要途径，只是在管制力度和管制方式上与强制性披露有所区别，即有所为和有所不为。一般而言，立法应采取因势利导的方式为信息供给者提供降低成本或提高收益的可能渠道，积极引导上市公司自身改进。从各国已有的实践来看，降低成本主要是减轻因自愿性披露而引致的诉讼风险[1]，而提高收益则体现为缩小发行人与投资者之间在自愿性信息披露的供给与需求上的鸿沟，以避免发行人因沟通偏差而盲目耗费成本提供信息，但最终对投资者来说反而成为负担。[2] 此外，还可以通过建立经理人声誉机制、建立有效的内部控制体系、建立公司信息评级体系、完善公司治理结构来间接提高自愿性披露的正向效应。

第二节　全面披露与简化披露

信息披露是反应性的，随着客观环境的变化而变化，不仅需要全面客观地反映信息供给者的实际情况，更要注重信息使用者的阅读感

---

[1] 如美国在1979年就根据《证券法》和《证券交易法》制定了"安全港规则"，并在1995年颁布了《私人诉讼改革法》（Private Securities Litigation Reform Act）予以修正，同时辅以"预先警示理论"和"心理确知要件"，三者共同形成一个健全的法律保护机制。只要不是出于恶意、人为的虚假披露来误导投资者，就应当免除公司的责任，这样既能保护投资者的合法利益，又不会打击公司自愿披露信息的积极性。

[2] 美国证券市场中这方面的内容也相对完善。比如，美国注册会计师协会（AICPA）、美国财务会计准则委员会（FASB）和SEC三大监管部门就投资者对自愿性信息披露的需求做了许多数据调查，并发布报告供上市公司参考。如1994年AICPA发布的《改进公司报告：面向用户》；2001年FASB发布《改进财务报告：提高自愿性信息披露》；此后美国SEC为了强化公司治理与社会责任，列出了证券发行人需要自愿披露的20个方面的信息；更为细致的是，FASB还总结了一套上市公司可以用于确认哪些信息有助于投资者的决策，以及决定是否披露以及如何披露这些信息的框架。这些报告虽没有强制实施力，但能够对发行人起到良好的指引作用。参见FASB, "Improving Reporting: Insights into Enhancing Voluntary Disclosure", http://www.fasb.org/brrp/brrp2.shtml，最后访问时间2018年12月6日。

受和理解能力。于投资者而言，获取对其决策有用的信息是投资证券的基础。而信息能否对决策有用，首先取决于投资者能否理解上市公司所提供的信息；进言之，信息能否被投资者所理解，至少取决于信息本身是否易懂以及投资者的理解能力两种因素。而在第一章的分析中我们已经看到，证券市场上机构投资者与公众投资者之间对信息的需求存在明显差异。同时，不同公司的运作质量和守法意识也有所区别，对于运作良好的上市公司理应减轻其披露信息的成本以兹鼓励。以此为基础，与信息全面披露相对的一种反向探索，即简化信息披露就显得非常必要。那么，如何在不减少有用信息含量的前提下对信息披露进行恰当简化？本节一并进行探讨。

一、全面披露与简化披露的共存基础

毫无疑问，通过信息披露来保护投资者利益是证券法律制度的基石。但证券投资者本身外延广泛，公众投资者与机构投资者之间、公众投资者与公众投资者之间以及机构投资者与机构投资者之间在资本实力、投资经验以及抗风险能力等方面都存在差异，因此，对于信息的需求与偏好也存在明显差异。

于机构投资者而言，他们既要求发行人及上市公司在法定强制披露的范围内进行专业、详细、深入而全面的信息披露，也希望对方自愿披露更多信息，以精确反映公司及其证券的情况。至于信息披露文件中存在的一些技术性术语，丝毫不会影响他们对文件的理解，而且调查发现，对技术性术语的偏好与专业知识的掌握精度呈正比关系[1]，

---

[1] 在会计学的理论研究中，将上市公司信息披露文本中使用的相关术语分为"技术性术语"和"描述性术语"。"技术性术语"是指在直接引用会计学、法学、管理学等各领域的专业性词汇进行的表述；"描述性术语"是指用日常生活和场景对相关的专业词汇稍加解释或注释，更为通俗易懂。参见 J. M. Dupree, "Users' Preferences for Descriptive v. Technical Accounting Terms", *Accounting and Business Research*, vol. 15, no. 60, 1985.

析言之，越是具备专业背景知识的机构投资者越希望信息披露文件中使用大量的专业术语，以加强表述的准确性并扩大其解读空间；而越是缺少投资经验的公众投资者则倾向于阅读简白化的描述性术语。因此，从最大限度地保护机构投资者利益并促进其发展的角度来讲，法律规范应当鼓励发行人和上市公司进行详细而全面的披露，并合理使用专业术语。

相反，于多数公众投资者而言，过于详尽的披露文件可能只是一堆读不懂的数字和术语，提供的信息越多，误读误用的可能性也越大，甚至会放弃阅读。美国学者 W. H. Beaver 先生早在 1985 年就指出："公众投资者没有能力去运用如此多的过量信息，这些报告对他们来说没有净利益。"[①] 但也有一些人士认为，虽然这种现象客观存在，但其本身并不值得引起关注，因为信息披露文件在本质上就是一种专业投资者的文件，无论如何简化对公众投资者而言都过于复杂，根据"知情公众投资者的理想化理论"和"过滤理论"[②]，披露文件的受众对象应该仅是具有丰富投资经验的机构投资者。[③]

笔者认为，在过去信息披露的纸质时代，受限于披露报告的单一载体，或许能够用"知情公众投资者理想化理论"和"过滤理论"来推定信息披露主要对象为机构投资者，但在如今媒介技术发展迅速的

---

① 参见 William R. Scott, Financial Accounting Theory, 7th Edition, Pearson Education Canada, 2014。

② "知情公众投资者理想化理论"原是美国 SEC 面对复杂证券市场进行监管时所提出来的理论假设，其中"理想化"是指公众投资者在理解披露信息后，有效地使用所披露的信息做出理智的投资。参见 Kenneth B. Firtel, "Plain English: A Reappraisal of the Intended Audience of Disclosure Under The Securities Act of 1933", *Southern California Law Review*, vol. 72, no. 3, 1999。"过滤理论"认为公众投资者从信息披露内容中直接获取有效信息是不现实也无效率的，所以应通过法律制度的设计使公众投资者间接获取信息披露内容，即通过证券市场专业人士获取"过滤"版本的信息披露文件。参见 Milton H. Cohen, "Truth in Securities", *Revisited Negishi Akira Kobe Law Journal*, vol. 18, no 2, 1968。

③ Kenneth B. Firtel, "Plain English: A Reappraisal of the Intended Audience of Disclosure under the Securities Act of 1933", *Southern California Law Review*, vol. 72, no. 3, 1999。

网络信息时代，前述两个理论以及由此所推出的结论则越来越显局限，原因在于：公众投资者是证券市场建立和发展的基石，信息披露制度的产生根源是为了防止投资者受到信息欺骗，而如果以促进市场发展和证券信息的复杂性来抹杀公众投资者获取证券信息的正当机会，属于本末倒置。前述两种理论在事实上只是把信息披露义务人应该对投资者履行的披露义务转移给专业的机构投资者来履行，但机构投资者同样存在欺诈可能，且林林总总的分析意见最终还是需要投资者自身去消化辨别，这并没有从根本上减轻公众投资者的阅读负担。同时，网络技术的发展使公众投资者可以与机构投资者在同一时间获取证券信息，这对公众投资者的阅读积极性会有所刺激，因此公众投资者的阅读需求也应当被予以重视。

但如果要将披露文本中的全部信息顺畅地传递给公众投资者，就必须要在信息的理解难度与投资者能力之间寻找一种平衡，而这种平衡不止一个，因为即便是公众投资者之间的理解能力也是千差万别的。同时，如果试图完全摒弃专业化的信息披露文本，而代之以白话式的表述似乎也不现实。因为上市公司信息披露文件最终还是以大量的财务会计资料为主，而这些资料本身的特点决定了需要不可避免地运用会计术语，这比一般语言更加准确、简练。所以一种更可行的办法便是由信息披露义务人同时提供全面版和简化版两种披露文本，以建立不同层次的报告体系。这种简化不仅要对篇幅结构进行缩减，也要对文字表述进行提炼，使公众投资者在较短的时间内获取并理解对其投资决策有用的信息。

综上所述，提高上市公司披露文件的可读性，并在不同公司之间实行差异化披露的有效方法并不是从"专业化""全面化"的极端走向"通俗化""缩减化"的极端，而是应针对不同投资者的需要和不同上市公司的日常表现，在"专业化""全面化"的基础上对披露文本进行重新设计和调整，以达到简化信息披露的目的，结合已有的实践经验，笔者总结了以下可以采纳的四种方法。

二、简化信息披露的主要方法

（一）浓缩报告摘要

对上市公司年报、半年报或季报的全文进行提炼形成摘要，并将全文或提示性公告刊登在指定报刊等纸面媒体上是目前很多国家所采取的做法。正如有学者所言，信息披露报告全文是多层次报告体系的基石，而报告摘要是建立在报告全文基础之上的次一级表现形式。[①]一般而言，提高报告摘要有效性的基本思路是：删减对投资者决策并不特别重要且理解难度较大的内容，与此同时，突出更多对投资者决策有用的重点信息。据此，针对我国目前上市公司信息披露报告摘要所存在的问题，笔者建议未来在披露摘要中进一步简化会计报表及其附注，因为这部分内容对公众投资者来说理解难度较大；其次是一些在短期内没有发生重大变化，且重要性略低的内容可以删减或做总结性陈述。比如关于管理层的个人情况、监事会报告等。当然，值得注意的是自2012年12月底起，证监会分别就主板和创业板上市公司年度报告的内容与格式规范进行了修订[②]，这些修订后的准则进一步大幅简化了上市公司的年报摘要，原则上要求摘要篇幅不得超过报纸版面的四分之一，着重披露投资者最关注的财务状况和经营情况等内容，适当减少重复披露以及与投资者决策关联程度较低的信息披露。[③]

---

① 孙蔓莉：《上市公司年报的可理解性研究》，《会计研究》2004年第12期。
② 参见《公开发行证券的公司信息披露内容与格式准则第30号——创业板上市公司年度报告的内容与格式》（证监会公告〔2012〕43号，2012年12月14日发布）；《公开发行证券的公司信息披露内容与格式准则第2号——年度报告的内容与格式》（证监会公告〔2014〕21号，2014年5月28日发布）。
③ 以主板为例，原来在年报摘要中需要统一披露的内容从9个部分（公司简介、会计数据和业务数据摘要、股东变动及股东情况、股东大会简介、董事会报告、监事会报告、重大事项、财务报告、公司的其他有关资料）缩减为4个部分（重要提示、主要财务数据及股东变化、管理

（二）简化报告文本

简化信息披露报告文本是指在不减少有用信息含量的基础上，缩减招股说明书、定期报告等信息披露文本中细枝末节的信息记载或简化各项指标，以提高投资者阅读的有效性并降低信息披露成本。具体可以通过建立索引、附注（比如将公司基本情况简介从正文中删除，以附件或附注方式披露）、简化财务指标、财务述评，采取相互引证，删减重复的介绍性信息（比如信息披露的报纸名称及网址）等方式进行。但要注意不能因此简化对投资决策确实有用的重要信息，相反要予以增加或鼓励公司自愿披露。比如我国证监会针对主板和创业板定期信息披露内容和格式进行最新修订后发布的一系列准则中，细化了投资者关心的事项，主要体现在董事会报告（比如对外投资状况的分析、现金分红方案的落实）、重要事项记载（增加了对报告期内重大诉讼、仲裁的执行情况，破产重整和公司与关联方共同对外投资事项的披露要求）、上下游的客户变动等方面。①

（三）调整披露时间

目前世界范围内许多证券市场中上市公司定期报告都要遵循统一的披露时间，比如我国年报披露时间为每个会计年度结束之日起 4 个月，半年度报告披露时间为上半年度结束之日起 2 个月，季度报告披露时间为每个会计年度前 3 个月、9 个月结束后的 1 个月内。但美国根据公司规模的不同对其年报披露时间做了区别要求，公司规模越大，

［接上页］层讨论与分析、涉及财务报告的相关事项）。创业板的年报摘要也得到了极大简化，但足以满足多数公众投资者的需要。例如，会计数据部分提供了公司报告期内营业收入、利润、每股收益等基本财务指标；股东情况部分说明了前十大股东、实际控制人及其变化情况；董事会报告部分包括报告期内公司的经营情况、分行业分产品情况以及发生变化的原因等。

① 参见《公开发行证券的公司信息披露内容与格式准则第 3 号——半年度报告的内容与格式》（证监会公告〔2014〕22 号，2014 年 5 月 28 日公布）；《公开发行证券的公司信息披露编报规则第 13 号—季度报告内容与格式特别规定》（证监会公告〔2014〕2 号，2014 年 5 月 28 日公布）；《公开发行证券的公司信息披露内容与格式准则第 31 号——创业板上市公司半年度报告的内容与格式》（证监会公告〔2013〕29 号，2013 年 6 月 28 日公布）。

对市场影响越大,所以越应当及时披露年报。如大型加快申报公司的年报披露时间为每个财政年度结束后的 2 个月内,加快申报公司的年报披露时间为每个财政年度结束之后的 75 天,非加快申报公司的年报披露时间为每个财政年度结束之后的 90 天。笔者认为,在未来实践中,我们可以在根据上市公司日常表现进行评级的基础上,对于评价较高的公司,其运作风险较小,因此定期报告的披露时间可以延长;而评级较低的公司,其运作风险较大,需要密切关注,因此定期报告的披露时间可以缩短。

(四)运用简明语言

简明披露原则又称信息披露的简明性,是指信息披露文件中应尽量使用清晰、简单、易懂的语言,避免不必要的专业术语或冗长表述。具体来说包含三个要求:其一,使用简单语句,包括简单句型和简短句式,避免复杂长句,在英语国家中还包括使用主动语态;其二,使用日常用语,避免使用高难度的专业术语或进行繁杂的解释说明;其三,使用简洁的结构、图形,避免文件冗长拖沓,并适当限制披露文件的篇幅。

美国最早提出简明披露的概念以后,于 1998 年通过了《简明英语披露计划》[①],并编纂《简明英语手册:如何编写 SEC 信息披露文件》和《简明英语概要》,以引导发行人和上市公司在信息披露文本编制时使用简明英语。[②] 随后,欧盟、英国、澳大利亚、加拿大以及日本等

[①] Sec. Act Rel. 7497, 66 SEC Dock. 777 (1998).
[②] 信息披露简明原则主要体现在两个规则中:规则 421(b)和规则 421(d)。前者适用于招股说明书中的全部内容,要求编制文件时:章节层析清晰;使用描述性的标题和副标题;避免在解释招股说明书的信息时频繁使用专业术语或自我定义的术语;避免使用高度技术化的商业术语。后者要求编制招股说明书的封面、封底、概要和风险部分时用简明英语。同时,在行文时要使用短句,肯定、具体的日常用语,主动语态,尽量使用图表方式说明复杂的内容,不使用多重否定句。此外,招股说明书的封面、封底、摘要和风险揭示章节的设计要便于阅读和理解。Division of Corporation Finance: Updated Staff Legal Bulletin No. 7, "Plain English Disclosure", http://www.sec.gov/interps/legal/cfslb7a.htm,最后访问时间 2018 年 12 月 11 日。

组织和国家也进行借鉴并在辖区内推广。① 我国暂没有在《证券法》和《上市公司信息披露管理办法》中将简明性作为信息披露的基本原则之一，但在近来修订的招股说明书、年度报告、中期报告等一系列信息披露内容准则中已做出法定要求。② 然而这些规定的效力位阶较低，且分布零散，建议在《证券法》修改中明确将简明性作为与真实性、完整性、准则性、及时性效力相同的基本原则。同时，落实到技术操作层面需要把握语言简化的方法和精度，这有待于在实践中进一步摸索总结。

第三节　重点披露与非重点披露

"重大性"是确定信息披露范围的基础。但由于信息使用者认知水平的不同以及信息供给者在规模、行业、治理结构等方面存在的客观区别导致对"重大性"的实践认定具有非稳定性，所以在不同公司之间实行"重点"和"非重点"的差异化披露可以避免由此造成的识别冲突和漏洞。这种区分不同于"全面"披露和"简化"披露，前者是

---

① 比如，国际证监会组织（IOSCO）在《有关网上证券行为的报告Ⅲ》投资者教育部分提到"投资者通过网络获取的证券信息相当丰富，但投资者是否能够理解和获取则不无疑问，简明信息披露对此则具有重要意义"，在《投资者信息披露和知情决定：集合投资计划使用简明公开说明书》中要求集合投资计划应该使用简明公开说明书，该公开说明书应该以简明语言进行编纂。欧盟委员会在《招股说明书指令》中明确指出招股说明书所公开的信息应当以一种易读、易懂的方式向投资者提供。加拿大证券监管机构也支持简明信息披露规则，加拿大不列颠哥伦比亚证券委员会公布了大量的规则支持简明信息披露规则。该委员会提供了一个使用简明英语要求的模板，并要求信息披露要明确、使用清晰的语言和简洁的结构，发行人要避免使用专业术语、格式语言和多重否定等。

② 参见《公开发行证券的公司信息披露内容与格式准则第1号——招股说明书》（证监发行字〔2006〕5号）第六条等；《公开发行证券的公司信息披露内容与格式准则第2号——年度报告的内容与格式》（证监会公告〔2014〕21号）第三条、第四条、第六十条；《公开发行证券的公司信息披露内容与格式准则第3号——半年度报告的内容与格式》（证监会公告〔2014〕22号）第三条、第四条、第五十一条。

确定不同公司各自披露什么样的信息,后者是确定怎样更有效地进行信息披露。在确定了"重点"披露与"非重点"披露的区分基础之后,本节中笔者还将选择两种典型的适宜区分侧重进行差异化处理的示例以进一步说明重点披露和非重点披露在实践中的安排方式。

一、重点披露与非重点披露的区分基础

(一)"重大性"内涵及其标准演进

在信息披露制度中,五大基本原则以及简明性要求明确了信息应当如何披露。但面对浩如烟海的证券信息,有效信息的含量并不是披露文本字数的简单线性函数增值,具体内容本身的信息含量取决于那些可能影响投资者决策的关键信息是否被重点披露,投资者是否能够从接收的信息中了解公司运作的真实图景。[①] 因此,我们还需明确法定披露信息的范围,即决定哪些信息应当披露,哪些可以不披露,哪些应当重点披露,哪些非重点披露。普遍认为,当信息达到一定重要程度时就应当进行披露,于是产生了信息披露的"重大性"标准。"重大性"标准在美国用 materiality 一词指称,在欧洲用 significant 一词指称,该标准旨在由信息的重要程度来确定披露的范围。[②] 这意味着需要寻求两方面的平衡:既要使投资者获得决策所需的真实、完整信息,且没有被那些泛泛而谈的琐碎信息分散注意力;而实现这一效果的前提又需要让信息供给者能够根据相对客观的标准识别何为重大信息,且没有增加其披露成本。

[①] 参见赵立新、黄燕铭:《构建以投资者需求为导向的上市公司信息披露体系》,中国金融出版社 2013 年版,第 214 页。

[②] R. Pinto, "The United States Supreme Court and Implied Causes of Action under SEC Rule 10b-5: The Politics of Class Actions", 2011, https://papers.ssrn.com/sol3/papers.cfm?abstract_id=1911328,最后访问时间 2018 年 12 月 11 日。

"重大性"标准是随着信息披露价值由"代理成本型"向"重大性"的转向而出现。最早的概括性描述出现在美国1933年《证券法》中，但此后SEC发布的一系列规则以及法院判例的演绎才使这一标准得以逐步具体化，同一时期制定的S-K条例、S-X条例及大量的注册表格无不证明了这一趋势。1942年，美国SEC通过了联邦证券法中最重要的反欺诈条款10b-5，禁止对任何人进行与证券买卖相关的欺诈，而"重大性"标准作为认定证券欺诈的要素之一，是指披露、遗漏或未公开的信息具有重要性，或在不实陈述或内幕交易案中，责任人必须是对重大事实进行了不实陈述或遗漏。但究竟以何种标准来认定事实达到了"重大"边界，则是通过三个典型案例逐步进行确立和修正。

首先是SEC v. Texas Gulf Sulphur（简称"TGS案"）[①]，审理该案的联邦上诉法院认为，"重大性"并不存在一个固定或明确的标准，既要考虑事件发生的可能性以及投资者做出投资决策（购买、出售、持有）的欲望，也要考虑事件对公司股价的影响程度，在不同规模、不同盈利能力的公司之间，同样的信息其影响幅度可能具有显著区别。该案被移送到联邦最高法院后，最高法院指出，"重大性"标准的认定不是一种单纯的法律问题，也并非单纯的事实问题，而是两者的充分融合：预估一个普通的理性投资者将会从信息中得出何种结论这属于事实问题，而判断被遗漏的信息对投资者而言是否重要，以至于所有理性人

[①] 该案中被告是位于德克萨斯湾的一所采矿公司，该公司在1963年前后开掘了一处矿井，根据当时的客观情况只能说明矿藏的具体厚度，并不能证实矿井的准确储量，因此公司未将矿井信息予以公开，但外界关于该公司发现重大矿藏的传闻不断。公司迫于压力，于1964年4月12日主动发布了一则新闻稿，解释目前的矿藏规模还不能判断，待探明清楚后将向股东和公众公开说明。4天之后，也即4月16日该公司举行了新闻发布会，会上披露了该矿产的资源储量。1963年11月至1964年5月，该公司股价涨幅达70%，在此期间该公司有关内幕人及受其指示的人均买卖过该公司股票和期权。该案审理中涉及两个问题：（1）公司探明矿井并证实其厚度是否为重大事件，如是，则该公司在1964年4月12日发布的尽量降低该次发现重要性的信息显然是误导性信息；（2）该项目的内幕人及受其指示的人购买股票、期权是否违法。参见401. F. 2d. 849. (2d.Cir. 1968).

对此都不会得出偏差结论，才属于法律问题。

如果说 TGS 案只是提出了认定"重大性"标准的初步思路，那么美国联邦最高法院在 1976 年审理 TSC Industries v. Northway 一案（简称"TSC 案"）时确立的认定原则为后人普遍引述并被 SEC 和许多法院接受。[①] 该案的审理法院明确将市场主要参与者——普通投资者引入"重大性"的定义中。也即，一个普通理性投资者从具有争议性的信息中得出的结论以及这种结论对其做出决策产生的影响应当成为"重大性"的认定标准。这是一个既客观但又依赖于主观判断的检验标准，关涉如何将法律标准套用于某一事实中。只有已经被认定的虚假陈述或遗漏信息足够重要，且对此不存在普遍性的疑问或争议，法律才有必要介入其中。

对 TGS 案和 TSC 案确立的标准进行深化的另一则影响较大的案件是 Basic Inc. v. Levinson 案。该案在联邦地区法院和联邦上诉法院的审理中分别获得了不同的判决结果[②]，一直上诉到联邦最高法院，最高法院明确表示将采纳 TGS 案的观点，即重大性不仅取决于事件发生的可能性，还要看该事件的发生对公司的整体影响。但同时也否定了原审理法院所认为的"即使信息本身并非重大，但由于公司否认而成为

[①] 最高法院认为，如果理性投资者在做出决定时可能认为如果被遗漏的事项一旦披露，则会对其已掌握的信息的整体意义产生显著影响，则该被遗漏事项就是重大事项。参见 TSC Industries, Inc. v. Northway, Inc. 426 U. S. 438, 96. S. Ct. 2126 (1976)。

[②] 该案中原告 Basic 公司与 Combustion Engineering 公司在 1976 年到 1978 年间多次就合并事项进行谈判，并最终在 1978 年 12 月达成合并协议。但 Basic 公司在此之前曾三次公开声明有关合并谈判，并认为公司没有任何可以解释公司股票交易量变动的信息。股东以不实陈述和误导性陈述对 Basic 公司及其部分董事提起诉讼，并要求 Basic 公司赔偿其第一次否认合并谈判直至正式宣布合并之前股东出售股票的损失。联邦地区法院认为从事实角度来看，Basic 公司的确存在不实陈述，但从法律角度看，所有不实陈述都是不重要的，谈判没有就主要内容达成一致，不具有确定性，因而不构成重大性。联邦上诉法院驳回了地区法院的观点，认为虽然 Basic 公司没有披露谈判内容的法定义务，但是其自愿披露的任何信息都不能是不完整甚至误导性信息。Basic 公司一旦做出否认谈判存在的陈述，即使谈判本身并不具有重大性，但由于否认使陈述变得不真实，从而产生了重大性。参见 Basic Inc. v. Levinson, 485 U.S. 224, 108. S.Ct. 978 (1988)。

重大信息"的观点。

概览上述三个典型案例可以推知：美国对信息披露"重大性"的认定基本采用了"决策有用性"和"股价影响性"两项标准，满足其中任何一项，信息披露义务便会产生。而与之相关的判例规则和理论学说对世界其他各国和地区的立法也产生了重要影响。此后，多数国家在证券信息披露制度中均增加了关于"重大性"的界定方法，有些采取抽象式，有些采取列举式或结合式。但通常而言，在发行信息披露和定期披露公告中，多采用"决策有用性"标准；在临时信息披露中，多采用"股价影响性"标准。①

（二）"重大性"认定的非稳定性

虽然经过几十年的发展，"决策有用性"和"股价影响性"逐渐被抽象为"重大性"认定的一般标准，但在个案演绎过程中存在着复杂性和特殊性。从根本上讲，判断一个信息是否属于重大信息取决于个案的具体情况，需要对全部信息的整体含义以及与案件相关的一切相关因素进行全面考察，不能用一个一般的、普适的刚性公式来限定，所以定性（根据对事件本身性质的认定来判断是否需要披露）和定量（根据一些可量化的标准来判断是否需要披露）又成为两种常用的分析方法。这些方法的理论基础源于信息披露中"相关性要素"和"整体含义考察"的要求，美国财务会计准则委员会在《第 2 号财务会计概念公告》中对这两种方法的含义分别做了系统性解释并列出一些考量

---

① 我国立法也有相应的概括性规定，如《首次公开发行股票并上市管理办法》第 58 条指出："凡是对投资者作出投资决策具有重大影响的信息，均应在招股说明书中披露"；《上市公司信息披露管理办法》第 19 条规定："上市公司应当披露的定期报告包括年度报告、中期报告和季度报告。凡对投资者作出投资决策有重大影响的信息，均应当披露"；第 30 条规定："发生可能对上市公司证券及其衍生品种交易价格产生较大影响的重大事件，投资者尚未得知时，上市公司应当立即披露，说明事件的起因、目前的状态和可能产生的影响。"

因素①，以增强"重大性"认定实践可操作性，但这些方法最终也无法否定监管者和法院在实践中的自由裁量权。原因在于：定性分析的因素不可能穷尽列举，而且定量分析应当选取哪些数据也是不确定的，对于不同数据的比较所得出的结论可能完全不同。所以，实践中对于"重大性"的认定仍然无法回避非稳定性的障碍，对此至少可以从两个方面说明：

其一，理性投资者认知水平的非稳定性。虽然在"决策有用性"标准下可以一般理性投资者的认知水平来衡量信息对于投资决策影响的"重大"程度，但纯粹理想中的"理性投资者"（reasonable investors）在现实中并不存在，这一称谓本身仅具有形式意义，而其实质意义还需根据其所置身的场景在个案中对常人标准进行加减来具体建构。②而构建行为本身就是人类发挥主观能动性的过程，因此，从理性投资者"决策有用性"的角度来抽象"重大性"的标准始终存在着主观认识与客观实际的偏差。其二，发行人或上市公司本身存在着非稳定的因素。这些非稳定因素可能存在于不同公司之间，也可存在于同一公司的不同存续阶段。比如同样金额的对外负债，对于不同规模、不同行业或不同经营方式的公司而言，其影响程度可能完全不同；同样，该笔负债对于同一公司在创业成长期、稳定发展期和濒临破产期的影响程度也不完全相同。

---

① 首先，关于定性的分析笔者列举了九项可考虑的因素：（1）虚假陈述或遗漏的对象是能够精确测量的还是只能模糊估计的；（2）虚假陈述或遗漏的对象是否掩盖了收益的变化或变化趋势；（3）虚假陈述或遗漏的对象是否掩盖了企业未能达到原本预测的事实；（4）虚假陈述是否将亏损描述为盈利或反向描述；（5）虚假陈述是否涉及对公司经营和收益至关重要的活动；（6）虚假陈述是否违背了监管义务；（7）虚假陈述是否违反了贷款协议或其他合同义务；（8）虚假陈述是否增加了管理层的报酬；（9）虚假陈述是否是为了掩盖非法交易。关于定量的分析可以设定一个最低比例标准，当虚假陈述或遗漏的偏差值低于这一标准时，可以初步推定不构成重大性。但这一比例标准也不是绝对的，还是需要综合考虑其他因素。参见赵威、孟翔：《证券信息披露标准比较研究——以"重大性"为主要视角》，中国政法大学出版社2013年版，第94页。

② 参见叶金强：《信赖合理性之判断：理性人标准的建构与适用》，《法商研究》2005年第3期。

正是由于"重大性"标准本身存在无法克服的非稳定性，所以进行"重点"和"非重点"的差异化披露可以避免由此造成的识别冲突和漏洞。也即对于不同行业的公司或同行业内的不同风险水平的上市公司而言，有些信息要重点披露而有些信息则非重点披露，这样既能降低公司的披露成本，也能减轻投资者的阅读负担，并能抓住对其决策有用的重点信息。

二、重点披露的行业信息与风险信息：举例说明

"重大性"认定标准的非稳定性构成了"重点"和"非重点"披露的区分基础，但这种差异披露不能随意进行，而需执行确定的区分规则。笔者认为首先应当确定"重点"和"非重点"的差异化披露是在不同层次、不同行业和不同风险等级的公司之间执行；与此同时，这种差异化的披露并非是"多与少"的区分，而是"精与简"的区分。此外，笔者以上市公司应当重点披露的行业特色信息和存在重大风险而面临退市的公司为例，对其应当重点披露的信息予以说明。

（一）上市公司应当重点披露的行业特色信息

上市公司在披露行业信息时，应当根据重大性原则，选取对上市公司经营业绩影响较大的一些指标，这些指标可以体现出行业的景气程度、公司盈利状况、经营风险等因素，使投资者对上市公司的经营业绩有较为清晰的认识。但值得注意的是，并非对所有指标不论大小都要全部予以披露，这样一方面会使上市公司的成本大大增加，另一方面也会使投资者再次面对众多信息而无所适从。对上市公司造成重大影响的指标或外部环境变化，应当在披露报告的全文和摘要中详细说明并特别提示投资者重点关注；而对于其他影响力较小内容则只要在报告正文中捎带提过即可。如果指标含义模糊，容易给投资者造成

混淆，但对于投资者分析研究具有较大意义的，上市公司应当予以重点披露，具体包括：确定指标的意义、形成原因、可能造成的影响等因素进行详细阐述，并在一定程度上做出业绩预测；反之，如果该指标含义已经较为清晰、不会误导投资者，在行业分析中产生的影响较小，则简要介绍即可。在披露自己的发展情况之外，最好结合国家产业政策的变化、同行业公司发展动态以及行业发展趋势进一步解释说明。

（二）可能被强制退市的上市公司应重点披露的信息

强制退市是指上市公司因不符合证券交易市场规定的持续挂牌条件而被迫退市。依我国目前的相关法律、规章及自律规则，退市标准主要包括 6 种[1]，其中"上市公司三年连续亏损"是实践中导致上市公司退市的主要原因之一。退市要经过风险警示（在其股票前冠以 ST 字样）、暂停上市、终止上市三个程序，暂停上市或终止上市会对投资者造成较大影响，是否愿意继续持有或购买股票需要依据上市公司充分披露的信息。但从近几年证券市场的表现来看，一些有亏损迹象的上市公司为规避退市，常常会采取一些非常态的会计处理方式使公司从濒临死亡的状态回生。[2]

---

[1] 我国目前关于上市公司退市的规定主要见于《证券法》第 56 条；《上海证券交易所股票上市规则》第十三章、第十四章；《深圳证券交易所股票上市规则》第十三章、第十四章；《深圳证券交易所创业板股票上市规则》第十三章、第十四章；《中小板股票暂停上市、终止上市特别规定》全文。

[2] 实践中常用的会计处理方式包括：通过一次性大幅计提坏账亏损并在第二年冲回，通过财政补贴、处置资产收益、营业外收支等方法获得短期投资收益等非经常性收入来弥补亏损等。比如黑龙江科利华网络股份公司在 2002 年到 2004 年在上海证券交易所上市期间连续亏损，2005 年 5 月上交所暂停其股票上市。同年该公司公布了上半年的财务报告，显示公司上半年的资产总额为 6700 万元；公司上半年的主营业务收入为 0，净利润为 339 万元；公司上半年实现的盈利来源于当期转回的无形资产减值准备为 2125 万元，而冲回的主要依据是建立在未来盈利预期基础上的资产评估报告。但会计师事务所经审计后提出了非标准的无保留意见，强调公司的持续经营能力存在重大不确定性。同年 9 月利华公司向上交所提出恢复上市申请，同年 12 月，上交所专家委员会对该申请进行审核后给出了不同意恢复上市的意见。参见新浪财经"科利华网络股份有限公司股票被终止上市"，http://finance.sina.com.cn/chanjing/b/20051230/0923473874.shtml，最后访问时间 2018 年 12 月 11 日。

上市公司之所以会这样处理是因为我国目前的信息披露规范对这类公司的特殊性关注不足。按照现有规定，上市公司在退市过程中的信息披露义务主要包括公布《股票暂停上市公告》《股票终止上市公告》，在暂停上市过程中每月披露一次为恢复上市所采取的具体措施。[①]但就立法本质而言，决定公司是否退市的本质在于是否具有持续盈利能力，是否实现真正的盈利，这些信息的披露也直接关系到投资者对该公司的实质性判断，但已有规定并没有重点强调这方面的信息披露。比如，公司在强制退市以前会经过证券交易所警告、暂停交易、退市前重整等阶段，这些阶段很容易发生一些如董事辞职、公司高管变更、公司收购或财产剥离、子公司处理等特殊事件。美国 SEC 在 S-K 条例中明确要求管理层对公司的财务状况和经营成果进行讨论，尤其要说明与流动性有关的趋势或不确定性、资本资源和收入。[②]该项规定对"陷于困境的公司"尤其重要。所以应当重点披露。

此外，处于退市阶段的上市公司多已陷入财务困境，所以他们会通过更换财务主管或注册会计师、更改会计信息、收买审计意见等方式进行虚假会计信息披露。我国现阶段变更会计事务所要进行的信息披露主要依据是 1996 年的《上市公司聘用和更换会计师事务所有关

---

① 根据《亏损上市公司暂停上市和终止上市实施办法（修订）》的规定，上市公司在股票暂停和终止上市过程中的信息披露义务主要包括：（1）出现最近三年连续亏损情形的，证券交易所自公司公布年度报告之日起十个工作日内做出暂停其股票上市的决定。公司在接到该暂停上市决定之日起两个工作日内，在指定报纸和网站登载《股票暂停上市公告》，暂停上市期间，公司每月至少披露一次为恢复上市所采取的具体措施，如未采取任何重大措施，也应当披露。此外，还应依法继续履行上市公司的其他信息披露义务。（2）终止上市过程中股东大会做出终止上市决议的，应当在两个工作日内通知证券交易所，证券交易所在接到通知后的五个工作日内做出公司股票终止上市的决定。公司应在接到终止上市的决定后两个工作日内在中国证监会指定报纸和网站及证券交易所指定网站上登载《股票终止上市公告》，公司应在股票终止上市后的一个月内在指定报纸和网站登载公告，说明公司终止上市的具体原因、公司历年的财务状况、公司高级管理人员重大违法违规情况及目前的重大债权债务、诉讼情况等。

② 路易斯·罗斯、乔尔·塞里格曼：《美国证券监管法基础》，张路译，法律出版社 2008 年版，第 144 页。

问题的通知》和 2007 年的《上市公司信息披露管理办法》。但是，这两项规范对会计师事务所变更信息披露的规定不够细致，缺乏具体的披露标准，尤其是对于上市公司财务主管的变更未做任何规定，这给陷入财务困境的上市公司提供了造假机会。为确保财务信息真实可靠，我国应当考虑加强可能退市上市公司中审计师和会计主管变更的有关信息披露，对此，可以借鉴美国 SEC 规定的 8-K 格式报告，"通过阻止以获取更为有利的会计处理为目的而更换会计师的做法"来增强"会计师的独立性"[①]。比如增加：(1)披露审计师变更的类型，包括上市公司要求更换、审计师自主辞职或监管机构强制要求更换等；(2)重点披露审计师变更的原因；(3)披露上市公司变更审计师的时间、变更前后审计意见的变化和审计费用的变化等情况；(4)说明近年来上市公司聘任的审计师的任期情况；(5)披露前后审计师之间的沟通情况。通过这些强制披露规范要求来防止会计主管因拒绝财务舞弊而被辞职，确保信息披露的真实性。[②]

第四节　纸媒披露和网络披露

上市公司信息披露的"差异化"安排不仅表现为内容的差异化，还可表现为形式的差异化。信息披露形式，也称为信息披露载体，是指信

[①] 美国 SEC 于 1975 年通过 8-K 表格修正案，要求上市公司在更换会计师后五日内披露以下信息：(1)发行人会计主管的任免或罢免；(2)近两年任何一年的会计主管报告是否包含所有反对意见或不发表意见，或就不确定性、审计范围或会计准则等存在保留意见；(3)审计委员会(发行人无审计委员会时，类似委员会)是否建议或批准了更换会计师的决定；(4)近两年和任何中期就会计准则或做法、财务报表披露或审计范围或程序与前会计师之间是否存在不一致；(5)即使前会计未表达不同意见，主管会计也要处理前述规定的四大类事件。路易斯·罗斯、乔尔·塞里格曼：《美国证券监管法基础》，张路译，法律出版社 2008 年版，第 147 页。

[②] 参见翟浩：《上市公司退市：理论分析和制度构建》，华东政法大学 2012 年博士学位论文，第 170 页。

息供给者向信息使用者传递信息时所依附的技术媒介。在互联网技术出现以前，上市公司信息披露长期依赖于纸质媒介，但随着互联网的发展和普及，网络媒介已成为信息披露的普遍载体。网络披露不仅改变了传统的信息传输方式，也带给信息披露制度以新的机遇与挑战，甚至正在改变着整个证券市场的基础结构。同样，差异化信息披露制度的确立也无法回避这一背景命题。据此，我们应当探索如何将这些多样化的信息披露方式嵌入差异化的信息披露之中，以为制度本身服务。

一、信息披露的主要载体

目前，世界范围内上市公司信息披露的主要载体包括两种：第一，纸媒披露，主要为报纸和杂志；第二，网络披露，包括互联网披露和专门的电子披露系统。

（一）纸媒披露

在指定报纸和杂志上进行信息披露是传统且常见的信息披露方式。根据我国《证券法》和《上市公司信息披露管理办法》[①]，上市公司所有依法披露的信息均应当在制定媒体上发布，其中的纸质媒体通常是指"七报一刊"。[②]

这种披露方式在网络技术出现以前是上市公司信息披露的主要方式。其优势在于披露内容可以长久存在，便于事后查找使用。但弊端也显而易见：其一，披露成本过高。纸媒披露需要上市公司花费大量财力进行印刷，一旦出现个别错误需要更改，其印刷成本也会翻倍。其二，披露时间滞后。通过纸媒披露的信息，最快也要第二天才能面

---

① 参见《上市公司信息披露管理办法》第6条。
② 业内俗称的"七报一刊"是指：《中国证券报》《上海证券报》《证券时报》《金融时报》《证券日报》《中国改革报》《中国日报》和《证券市场周刊》。

世,这不但难以满足信息获取的及时性要求,而且也易于滋生内幕交易。其三,传递被动。上市公司所披露的信息属于典型的专业信息,仅在指定媒体上出现,因此一般需要信息使用者主动搜集,其传递方式具有被动性。正是由于这些缺点的存在,在网络技术出现以后,以互联网和专门的电子披露系统为主要技术支撑的网络披露方式迅速普及。这种披露方式克服了纸媒披露成本高昂、时效性差以及信息传递被动的弊端,而且大大拓展了信息披露的广泛性和披露内容的丰富性,使信息披露跨越了地域限制,为信息使用者带来了丰富的信息资源。

(二)网络披露

1. 互联网披露

互联网信息披露主要包括通过在特定网站或电子布告栏中公布信息,或者通过文件传输、用户新闻、电子邮件、即时通信等媒介发布信息。当然,在特定网站进行披露依然是最主要的形式。监管机关也特别指定了一些披露网站,这些网站也由此成为法定披露网站。[①] 除此之外,上市公司在自己的公司主页以及其他网站上的信息披露都属于非法定的披露方式。虽然在非法定网站上进行披露目前没有被禁止,但披露时间不得早于在法定媒体的披露时间。

2. 电子披露系统

在一般的互联网披露方式之外,NASDAQ 首创先河,利用网络技术在证券市场中的应用建立了 EDGAR 电子申报系统(The Electronic Data Gathering, Analysis and Retrieval System),该系统可以自动搜集、确认、接受并转发上市公司提交给 SEC 的信息披露表格,任何人都可以免费进入系统来了解相关信息。与之具有类似功能的还有加拿大证

---

① 目前,我国证监会指定了六大披露网站,包括:"上海证券交易所网站""巨潮资讯网""中国证券网""证券时报网""中国资本证券网""中证网"。

券监管机构的 SEDAR 系统（The System for Electronic Document Analysis and Retrieval）、LSE 的 RIS 系统（Regulatory Information Service）、韩国金融监管委员会的 DART 系统（The Data Analysis, Retrieval and Transfer System）等。受国际趋势的影响，我国沪深两市交易所也建立了以信息披露"直通车"和"互动易"为代表的电子信息披露系统。

信息披露"直通车"是指上市公司按照各类信息披露监管规范的要求，将拟对外披露的信息公告直接交给指定披露媒体进行对外披露的便捷方式，证券交易所仅对已披露的信息进行事后审核。[①] 目前，上交所和深交所均已开通该项系统。它改变了传统的信息披露方式，实现了信息报告从提交到发布的全程电子化，也颠覆了信息披露事前审核的传统，增强上市公司自律规范的意识，是监管理念转型在信息披露载体中的直接体现。

虽然信息披露"直通车"系统明显提高了信息披露效率，但总体来看这是一种单向度的披露方式，不利于信息供需双方直接、便捷地互动沟通。于此，深交所于 2011 年 11 月推出了一种互动式的信息披露系统，名为"互动易"[②]。"互动易"的功能主要体现于两个方面：第一，投资者提问、投诉与回复功能。投资者可以通过系统向上市公司提问或进行投诉，上市公司也通过平台就此进行回复，在必要时交易所还会介入监管。[③] 第二，定制化的信息服务。在"互动易"系统中，

---

① 参见《深圳证券交易所上市公司信息披露直通车业务指引》（2014 年修订）第 3 条。
② "互动易"的命名取自《道德经》中的"简则简之易，易则易之简"，意为帮助投资者将纷杂的市场信息化繁为简，使投资者可以更便捷地获取、识别信息，并与上市公司之间进行充分的互动交流。参见赵立新、黄燕铭：《构建以投资者需求为导向的商事公司信息披露体系》，中国金融出版社 2013 年版，第 307 页。
③ 在"互动易"系统中，投资者通过浏览器或注册用户的方式进入以后可以进行提问或投诉，系统后台程序接收问题后先进行审核，通过审核进行业务分类，并留言转发给指定的上市公司，等待上市公司做出回复。在此过程中，深交所专门的工作人员可以通过后台系统的分类对上市公司的回复进行了解监督，发现存在不合规、不及时回复的情况时，会向上市公司发出监管指令。

每位投资者可以通过注册会员的身份享有自己的服务专区，包括添加、关注自己感兴趣的上市公司，系统也会将其关注的上市公司最新消息推送给投资者，以方便投资者阅读，获取最新消息。[①]"互动易"作为一种公益性的互动披露平台，为信息供需双方搭建了直接对话交流的平台，为投资者的个性化需求提供了表达渠道，实现了信息供给与需求的对接。

二、信息披露载体的差异化安排

基于上述分析我们看到，从纸媒披露向网络披露转移是信息披露载体变革的大势所趋，也为信息供需双方的利益实现带来了普遍福利，因此，信息披露载体的差异化安排也必然应该顺应这一发展趋势。但就现状来看，纸媒披露的方式也没有因为网络披露的出现而被完全取代，其依然是一种基础性的信息披露方式，因此，如何利用这两种披露方式来进行信息披露的差异化安排是值得我们探究的问题。在此，笔者仅选取几种易进行差异化处理的披露方式举例说明，以期为信息披露载体的差异化提供一些探索思路。

（一）不同风险水平公司披露载体的差异化安排

如本章上一节的分析可以推知，我们可以根据若干指标来衡量上市公司的风险水平，并进行风险评级。在此基础上，差异化的基本监管思路是：对那些风险较高的上市公司进行严格监管，对风险较低的上市公司适当放松监管，赋予其更大自由。据此，笔者建议：第一，针对风险较低的上市公司，取消通过纸媒方式披露的强制性规定，让

---

① 参见《深圳交易所互动易业务操作指南》，http://irm.cninfo.com.cn/szse/，最后访问时间2018年11月2日。

其享有选择仅以网络形式进行单一披露，或运用两种方式进行双重披露的自由。第二，允许风险较低的上市公司将公司网站作为法定的信息披露形式。既可以在不增加风险的前提下丰富信息披露的法定形式，也可以满足投资多元化的信息获取习惯。第三，针对风险较高的上市公司，继续强制进行纸媒披露。这样规定的初衷在于，继续维持这类公司较高的信息披露成本，以促进其改进治理，规范信息披露行为，积极降低风险水平。第四，严格禁止高风险级别的上市公司在目前法定的信息披露方式之外进行其他形式的披露，以防止出现泄露内幕信息而难以监控的情况。

（二）鼓励风险较低的公司进行自愿性信息披露

强制性披露与自愿性披露的相互结合、互为补充是信息披露未来发展的必然方向。根据我国信息披露的现有规定和实践来看，"互动易"这类公益性的信息披露平台还仅仅局限于为法定强制性信息披露提供创新渠道。上市公司与投资者的交流沟通仅限于已经披露的法定范围，不能涉及未披露的信息或法定范围以外的信息。笔者建议，未来可以借助这种交互式的披露方式来鼓励上市公司提供更多的自愿披露内容，比如根据自愿，将接待机构投资者来访的资料、宣传推介资料、各类重大新闻等内容通过"互动易"向全体投资者发布说明，当然，通过这种载体进行自愿披露也必然带来更多的监管难题，这也是我们未来继续探讨的方向。

本章通过对"强制披露与自愿披露""全面披露与简化披露""重点披露与非重点披露""纸媒披露与网络披露"四个层次的探讨，从三个角度回答了如何实现信息披露的"差异化"安排，即是否披露，披露什么，怎样披露。首先，强制性披露的确立虽然有助于缓解证券市场信息供给不足的局面，但其规制成本可能过高，而且无法有效检测软信息的披露，所以可以寻求解释性披露的软化路径及自愿性信息披露来补充。其次，为了满足不同类型投资者的需求偏好，可以引导上市公司同时提供详细的和简化的两种披露报告。简化披露报告的方法主要有浓缩年报摘要、简化披露文本、调整披露时间、运作简明语言等。再次，为了避免因重大性标准认定的非稳定性而滋生冲突和漏洞，应当从充分揭示行业特色和运营风险的角度出发，在披露信息时有所侧重。最后，网络披露媒介的发展也为差异化披露的实现提供了便捷载体，既可以在对不同公司进行风险评价的基础之上规定差异化的披露方式，也可以借助电子化的披露系统鼓励风险较低的公司进行自愿披露。接下来，如何在我国现有信息披露制度框架下，将差异化信息披露的表现形式与实现路径进行有机结合，以构建一个完整的制度体系将是下章的探讨内容。

第五章　我国上市公司差异化信息披露制度体系的构建

第一节　上市公司差异化信息披露的立法构造

从"法"调节社会运行功能强弱的角度，可以将法分为两大类："硬法"（hard law）与"软法"（soft law）。① 硬法是指由共同体中的权力主体制定，并由其强制保障实施的行为规范；软法是指由共同体成员协商制定，由成员进行自我约束来保证实施的行为规范。② 软法与硬法二者融于法的范畴，便出现了两种截然不同的制定和实施方式。硬法通过自上而下的命令方式形成，是一种工具性立法（instrumental legislation）；软法通过各个立法参与主体的共同协商、交流，是一种沟通性立法（communicative legislation）。

在我国上市公司信息披露的现有立法构造中，硬法规制的路径为基本常态。目前已经形成以基本法律和行政法规为基础，部门规章和自律规则为主干的多层次的信息披露规范体系，这些规范使我国上市公司信息披露的监管和实践有据可依。但这些规范的共同着眼点在于对所有发行人或上市公司都适用同样或相似的信息披露规范标准或监

---

① 参见程信和：《硬法、软法与经济法》，《甘肃社会科学》2007 年第 4 期。
② 参见罗豪才主编：《软法的理论与实践》，北京大学出版社 2006 年版，第 18 页。

管方式，虽然监管机构对这种"一刀切"式的监管思路所造成的弊端已经有所反思，并着手在创业板以及特殊行业领域制定突显各自特色的信息披露指引，但就现状来看，覆盖面和精细化程度还远远不够。因此，未来还需要在硬法层面加强差异化信息披露的规范供给。除此之外，不披露即解释和自愿性信息披露这两种信息披露方式能够突破硬法规范的僵硬性与被动性，着眼于上市公司的多样性及其治理规范的内生性而寻求一种上下融通、内外融合的软法规范。所以，如何将这两种信息披露方式予以确定和深化也将是我们探索的重点。

一、差异化信息披露硬法规制的路径

（一）在《证券法》中对差异化信息披露进行原则性规定

我国现行《证券法》自 2005 年修改实施以后，对我国资本市场的发展、创新与变革发挥了基础性、保障性和促进性的作用。但毋庸讳言，2005 年对于《证券法》的修订仍然是在原有市场建构理念、体系框架、实施机制下，侧重于从制度层面到技术层面的补充完善。[①] 这种拾遗补阙式的修改方式，在面对迅速扩大的市场规模，不断涌现的创新产品和业务领域时又或多或少地呈现出一些不适反应。并且，新时期下推行股票发行注册制改革、发展多层次资本市场以及加大对中小投资者的保护力度等一系列来自于党和政府的指导方针、举措建议，也急需《证券法》做出回应。[②] 据此，2014 年 8 月第十二届全国人大

[①] 参见陈甦、陈洁：《证券法的功效分析与重构思路》，《环球法律评论》2012 年第 5 期。

[②] 自 2013 年起，党中央和国务院发布了一系列大力发展资本市场的纲领性文件和意见措施，比如：（1）2013 年 11 月，党的十八届三中全会通过了《关于全面深化改革若干重大问题的决定》，其中指出："要健全多层次资本市场体系，推进股票发行注册制改革，多渠道推动股权融资，发展并规范债券市场，提高直接融资比重。"（2）2013 年 12 月，国务院发布《关于进一步加强资本市场中小投资者合法权益保护工作的意见》，提出了健全投资者适当性制度、优化投资回报机制、保障中小投资者知情权、健全中小投资者投票机制、建立多元化纠纷解决机制、健全中小投

常委会将《证券法》修改纳入立法规划，同时，以市场化、法治化为指导思想，处理好稳定性与变动性、现实性与前瞻性、原则性与操作性之间的关系，致力于出台一部市场型、监管型、服务型、保护型的资本市场基本法律已成为业内共识。

信息披露是保护资本市场投资者利益的基本手段，也是实施证券监管的核心。过去，我国虽然也在强调信息披露的重要性，但并未把对信息披露的监管上升为规制证券市场的根本支撑和核心手段。从立法体例和立法内容来看，《证券法》中的信息披露规范分散于各章之中，最基本的证券信息披露原则也仅在"证券交易"一章的"持续信息公开"中一带而过，只对信息披露内容做了真实、准确、完整的规定，并未规定及时性、公平性及简明性。而信息披露的载体、信息披露监管及责任承担也规定得较为模糊。这种分散型和粗放型的立法方式在一定历史时期具有合理性，能够满足市场初期的发展需要。但随着上市公司数量增加，资本市场的层次区分日渐明显，行业种类呈多元发展趋势，这种立法方式不利于信息披露制度在一个系统化的有机整体之下形成层次化、差异化的区分。虽然如前所述，自2013年开始证监会和沪深两市交易所修改或新发布的一些准则和指引中已经含有差异化信息披露的元素，但《证券法》作为资本市场的基础法律应当将那些条件成熟、行之有效的实践做法上升为原则性规定，为以后的下位立法预留法律空间。

因此，笔者建议在《证券法》中专设"信息披露"一章，整合信息披露相关原则，将真实、准确、完整、简明四性作为规范信息披露内容的基本原则，将及时、公平作为规范信息披露形式的基本原则。

（接上页）资者赔偿机制、加大监管和打击力度、强化中小投资者教育、完善投资者保护组织体系的九条意见。（3）2014年3月，国务院常务会议提出促进资本市场健康发展的"国六条"，即继续稳妥推进注册制改革、规范发展债券市场、培育私募市场、建设期货市场、促进中介创新以及继续扩大资本市场开放。对于这些指导性意见的落实，首先有赖于《证券法》的修改。

有研究指出，应当将差异化信息披露作为公平披露原则的补充写进《证券法》。[1]但笔者认为，公平披露的本质是为了规制信息披露义务人对披露对象进行选择区分，而差异化信息披露是对不同公司进行区分立法和监管，公平披露与差异化披露之间并不存在包含关系或对立关系。所以，为了避免混淆或误解，另起一条专门对差异化信息披露进行原则性规定更妥。

（二）制定《差异化信息披露管理办法》

实施差异化信息披露的关键在于，对于披露什么以及如何披露要有层次化的明确规定。否则，仅仅将宣示性的概念或原则保留在《证券法》中会造成实践的混乱和困惑。正如博登海默所言："从社会学的角度看，把越来越多的、模糊的、极为弹性的、过于宽泛的和不准确的规定引入法律制度中，无异于对法律的否定。"[2]因此，建议由证监会起草制定《差异化信息披露管理办法》（以下简称《管理办法》），在细化和诠释差异化信息披露原则的基础上，对差异化信息披露的基本原则、适用范围、实施方法以及沟通反馈机制等具体内容做出详细规定，以指导证券交易所制定差异化信息披露的下位规范并执行监管。

需要强调的是，《管理办法》中应当引入"不披露即解释"规则作为差异化信息披露的技术性规范，并明确适用客体、解释规则和解释的时点。具体如下：

第一，明确"不披露即解释"规则的适用客体。前文指出，"不披露即解释"规则是对强制性信息披露的软化，因此，该规则仅适用于法律强制要求披露的信息，不涉及自愿披露的范围。同时，并非所有

---

[1] 参见徐聪：《试论我国上市公司差异化信息披露制度之构建》，载黄红元、徐明主编：《证券法苑》（第四卷），法律出版社2011年版，第328—349页。

[2] 博登海默：《法理学：法律哲学与法律方法》，邓正来译，中国政法大学出版社2004年版，第245页。

强制披露的信息都可以适用这一规则，对于按照规定应当披露的基础信息（如财务信息）和重点信息应当继续强制披露，否则会影响信息披露制度的整体根基。笔者认为，有必要以概括加列举的形式明确上市公司必须披露的信息范围，除此之外的内容，则是上市公司自由选择适用"不披露即解释"规则的空间。

第二，规范"不披露即解释"规则项下的解释形式。一般而言，公司以事后解释的方式来代替披露，既可能是出于保护商业秘密或其他特殊需要，也可能是公司管理层的投机动机所致，外部人很可能无法获知其中的事实真相。因此，有必要对"不披露即解释"规则项下的解释形式进行严格规范，以防止留有漏洞而被投机者利用。规范的总体思路是：上市公司针对未公开的事项应当做出明确且详细的解释，不应当有所隐瞒或存在欺诈。具体可以由监管机构或其他自律组织出台关于解释规范的指引模板，并定期发布一些"良好版本"和"较差版本"，以此作为具体示范，引导上市公司给出符合法律、满足投资者信息需要的解释。这样既可以避免各个上市公司给出的解释杂乱无章，也避免因此增加投资者的理解难度。

第三，确定"不披露即解释"规则的解释时点。事后解释虽然可以赋予上市公司以更多自由，但与强制披露相比，信息公开的时间可能滞后。在瞬时变化的市场中，如果投资者获取信息的时间太晚，即使有用的信息也可能变为垃圾信息。据此，有必要确定上市公司进行解释的时间区间，以避免滞后披露带来的诸多问题。具体而言，笔者认为针对定期报告中的相关事项进行解释应当在5—10日之内，而临时性报告中的解释事项应当在5日之内。

（三）制定《差异化信息披露的个案分析与建议》

在本书第一章对证券信息披露规范体系的论述中笔者提到，我国证监会在2002年左右就曾设想建立"个案意见与案例分析"作为信息披露规范的第四级技术规范,但当时困于难以找到典型案例,所以这一设想的推进被迫搁置。时至今日,经过十几年的积累和发展,我国证券市场中信息披露的监管水平和实践操作都取得了长足进步,许多有效的监管经验和披露文本都应得到更多肯定性评价。当然,其中也不乏一些重大违规和监管失利的情形,而这些也应当是我们继续分析、总结并汲取教训的重点对象。

回到差异化信息披露的命题中来,虽然这一指向对于降低上市公司成本、增强监管针对性和全面保护投资者利益都具有重要的推动意义,但于我国现阶段信息披露的立法、监管和实践而言仍然属于一种全新视角,无论是立法、监管抑或理论研究都需要从大量的信息披露实践中获得新的启示,而这也有赖于一个良性互动和充分对话的基础平台。鉴于此,笔者认为目前可以尝试以差异化为视角,在不同市场板块、不同行业以及不同风险级别的上市公司信息披露中选取具有代表性的范本,从规范合理性、监管适度性、实践合法性或违规性等不同角度进行深入分析与评价,并形成《差异化信息披露的个案分析与建议》作为除《内容和格式准则》《编报规则》《规范问答》三级技术规范之外的第四级规范,为差异化信息披露的监管执行和实践操作提供参考模版或比照对象。而且从长远角度来看,这种"分析与建议"不但可以为以后的相关立法修改提供重要素材,并且可以以此为先导,为我国建立整个信息披露规范体系内的"个案意见与案例分析"积累经验。

二、差异化信息披露软法规制的路径

(一)软法构造及功能的一般理论

在公共治理兴起背景下产生的软法其本质上也是一种行为规范,只是这种规范是通过成员共同参与、平等协商而制定的,通过共同体成员的自我约束来实施。软法出现以后，对于合法性的考察不再只着眼于形式要求，而是包含更多实质合法内容。软法虽然在原则上没有法律约束力但却具有实际效力。软法之软是由于在判断合法性的四个标准上出现了软化现象：其一，法的制定主体软化。立法主体不再拘于国家立法机关，也可能是法律法规授权的组织，还可以是国家以外的其他制度化的共同体所形成的规范。因此，软法包括国家软法、国际软法和社会软法。① 其二，法的实现方式软化。在软法制定、实施及效力实现的整个过程中，商谈沟通起到核心作用。软法本身不带有强制约束力，其效力实现依赖于组织成员的认同或合意，所以其实施方式是靠成员的自我约束、社会舆论、利益驱动等机制来实现。因此无法同硬法一样可以直接作为司法裁判的依据。② 其三，法的规范表述软化。如前所述，软法本身是不具有强制实施效力的规范，依靠沟通与对话在成员之间产生认同来发生效力。所以其规范表述方式比较具有弹性，一般不会用禁止性表述，往往赋予当事人更大的选择权。③ 其四，法的制定程序软化。软法的形成过程虽不像道德、习惯等类似规范在人类的社会交往中自然形成，但也不像正式的法律规范那样严密。它既是对已有实践的总结和提炼，同时也加入一些技术性的规制，具有

---

① 国家软法是指由国家权威机关创设、解释和制定的，但无国家强制力的规则。国际软法是在国际社会中，各主体为了达到某种共同目标而形成的介于国际硬法（如国际条约、国际习惯法）与纯粹的政治性承诺之间的自愿遵守的准则与原则。社会软法是指一套非国家权威的社会机关加以创设、解释和执行的规则，这部分软法的存在空间很大，包括：（1）行业协会、高等学校等社会自治组织规范本身开展活动及组织成员的行为规章、规则；（2）基层群众自治组织规范其本身的组织和活动及组织成员的行为规章、规则；（3）人民政协、社会团体规范其本身的组织和活动及组织成员行为的章程、规则以及人民政协在代行人民代表大会职权时制定的有外部效率的纲领、规则；（4）执政党和参政党规范本党组织和活动及党员行为的规章、规则。参见毕雁英：《社会公法中的软法责任——一种对软法及其责任形式的研究》，载罗豪才等：《软法与公共治理》，北京大学出版社 2006 年版，第 260 页。

② 参见姜明安：《完善软法机制，推进社会公共治理创新》，《中国法学》2010 年第 5 期。

③ 参见沈岿：《软法概念之正当性新辨——以法律沟通论为诠释依据》，《法商研究》2014 年第 1 期。

明显的"造法"性质。

软法的优点在于：能够在规范事实与规范本身之间保持一种有效张力，从而缓和二者之间的冲突关系。在软法规范中，每个个人或组织都是规范的最佳制定者和解释者，彼此之间通过充分交流和平等协商来制定对个人和集体有利的规则，并在有利可图的动机刺激下自我执行。

（二）信息披露软法规制的基础：公司治理的内生性

在上市公司应当披露的各种信息中，公司治理属于重要内容，而其本身也对其他信息披露的内容和质量有重要影响，良好的上市公司完善的治理结构或内部控制体系有助于公司信息披露质量的提高。① 董事会和管理层基于所负担的受托义务，他们在披露公司治理成果的同时还要披露与治理过程和方法紧密相关的信息。② 所以，以准则为代表的公司治理外部规范也属于信息披露的规范渊源。③

---

① 国内外的许多研究表明，包括股权结构、流通股比例、董事会构造、监事会规模等在内的公司治理结构与公司信息披露质量具有密切的互动关系：一方面，具有良好治理结构的上市公司所披露的信息往往更加充分完整，且具有可比性。另一方面，规范的信息披露可以制约不规范的财务决策，抑制信息不对称问题，促成监督价值和激励机制功能的实现，形成有效的内部治理。也可以引导资本市场资源的合理配置，有助于实现对公司及其管理层的奖惩淘汰机制，形成有效的外部治理。参见蓝文永：《上市公司信息披露机制的投资者保护功能研究》，西南财经大学出版社 2010 年版，第 152—177 页；胡静波：《我国上市公司信息披露制度及其有效性研究》，科学出版社 2012 年版，第 79—107 页；高雷、宋顺林：《公司治理与公司透明度》，《金融研究》2007 年第 11 期。

② 通常来讲，公司治理信息披露可以分为三个部分：（1）重大财务信息；（2）内部治理信息；（3）独立审计信息。其中内部治理信息主要包括公司治理原则和目标，公司政策，公司治理结构，董事会会议报告，董事及高管的薪酬、背景、专业技能以及激励措施，监事会会议及报告，内部控制制度评估，相关利益者的利益权衡，公司社会责任等。

③ 传统的公司治理规范包括内部规范和外部规范，这也与公司治理的内部自治和外部监管两种路径分别对应。内部自治的主要规范依据是《公司法》，它通过调动公司内部各利益主体，利用任免、决策、激励三大机制形成内部制衡机制，由此形成良好的公司治理。参见莱纳·克拉克曼、保罗·戴维斯：《公司法剖析：比较与功能的视角》，刘俊海译，北京大学出版社 2007 年版，第 27 页。外部监管的主要依据是强制性信息披露规范以及《公司法》《证券法》《上市规则》中有关公司治理的法定要求来实现对中小股东及公司利益相关者的保护。

我国的《上市公司治理准则》是由证监会和原国家经贸委于2002年联合发布的。①该准则的出台顺应世界潮流，首次形成了我国自己在公司治理领域的软法规范，被欧盟公司治理协会网站列入其中。②但《上市公司治理准则》对我国上市公司具有明显的强制约束效力，这体现在：（1）规范中多用"应当……"的表述方法；（2）准则作为评判上市公司是否具有良好治理结构的主要衡量标准，如果存在重大不符，证监会将责令按照准则整改③；（3）准则可以作为司法裁判的依据④。而在境外，制定类似的公司治理准则的主体相当多元，既有政府机构、半政府机构，也有许多自律组织或民间组织。⑤这些准则多为倡导性规范，以准则、原则、建议、报告、指引等命名。如其名称一样，在理论上，这些倡导性规范仅具有引导意义，没有法律上的约束力，也不完全具有合同上的约束力。⑥实践中，准则的内容可能既包括对立法、司法的建议，也包括对上市公司的建议，但这些建议多为说明性或建议性表达，而非"应当……"。其实施方式多采取"自愿采纳"或"遵守或解释"的方式，但与任意性规范不同的是，软法只有在公司明

---

① 参见《中国证券监督管理委员会、国家经济贸易委员会关于发布〈上市公司治理准则〉的通知》（证监发〔2002〕1号）。

② 参见 http://www.ecgi.org/index.htm，最后访问时间2014年12月21日。

③ 如《上市公司治理准则》（证监发〔2002〕1号）导言中指出："境内上市公司应当贯彻准则所阐述的精神，上市公司制定或修改公司章程及治理细则，应当体现本准则所列明的内容……对公司治理存在重大问题的上市公司，证券监管机构将责令其按照本准则的要求进行整改。"

④ 参见《深圳市某工贸有限公司诉深圳某酒店股份有限公司侵害股东权纠纷案》（2003）深罗法民二初字第1727号，《北京怡和百生科贸有限公司诉刘秋曼损害公司利益责任纠纷案》（2011）东民初字第00883号。

⑤ 比如我国《上市公司治理准则》（中国证监会发布），美国《公司治理原则：分析与建议》（美国律师协会发布）、《公司治理原则2012》（美国170多家大型上市公司的高管组成的商业圆桌会议发布），英国《公司治理联合准则》（The Combined Code on Corporate Governance，LSE发布）、《上市公司治理准则2012》（英国金融报告委员会发布），德国《德国上市公司治理准则》（Corporate Governance Rule for Quoted German Companies，德国公司治理小组发布）、《德国公司治理准则》（German Corporate Governance Code，公司治理规则政府委员会发布），《OECD公司治理原则》（OECD Principles of Corporate Governance，经济合作与发展组织发布）等。

⑥ 张辉：《倡导性规范与上市公司治理》，《证券市场导报》2010年11月号。

确表示采用时才能对其发生效力，而在任意性规范中有些是推定适用的，除非公司明确排斥适用。①

如美国法律研究院在 1998 年发布的《公司治理原则：分析与建议》在内容上分为法律规范重述、立法建议性质的"模范法规则"（model law）、司法建议性质的"裁判考量标准"，以及建议公司自愿遵守的规则（best practice）。英国金融报告委员会发布的《上市公司治理准则 2012》也将其规范分为基本原则和具体规则两个层次。其中原则作为核心规范，包括主要原则和支持性原则共计 18 项。所有在 LSE 上市的公司都必须遵守并就此向股东披露。而对于具体规则，则采取"遵守或解释"的方法②，也即上市公司只要向投资者充分披露其不遵守的事实和真实理由即可。③

这些效力宽松或实施灵活的准则并不意味着在事实层面的执行效果不如法律规范或者合同。从能够检索到的统计结果来看，其执行率平均在 80% 以上，并呈逐年增长趋势。④ 比如据德国 DAX 指数公司的统计显示，到 2007 年底，德国境内上市公司对《公司治理准则》的遵守率达到 85.9%。⑤ 在美国境内，证券交易所、机构投资者、各种研究机构和一些大型上市公司都会发布相关准则，这些准则间接反映了它们的投资倾向。由此可以推知，如果一个上市公司的组织结构和经营活动按照这些治理规则来进行，则会赢得更多机构投资者的青睐，从

---

① 深圳证券交易所综合研究所研究报告：《上市公司治理的软法之治》（深圳综研字第 0813 号），2011 年 11 月 7 日发布。

② FRC, The UK Corporate Governance Code (2012), http://www.frc.org.uk/Our-Work/Publications/Corporate-Governance/UK-Corporate-Governanc e-Code -September -2012.aspx, 最后访问日期 2014 年 12 月 21 日。

③ 胡晓静：《实践公司治理规则的法律途径——论修订后的德国股份法第 161 条》，《当代法学》2005 年第 7 期。

④ Analysis of Corporate Governance Practices Disclosure in 2007, 2006, 2005 Annual Reports.

⑤ Remarks by Prof. Dr. Axel v. Werder (Head of the Berlin Center of Corporate Governance), on May 23, 2007, www.corporategovernance-code.de/eng, 最后访问日期 2018 年 12 月 23 日。

这个角度看，这些治理准则的确可以促使上市公司改进自身治理。[1]

在境外，以准则为代表的倡导性规范在过去被强制性法律规范长期占据着的公司治理领域发展起来，不能归结为历史的巧合或个别的、暂时的现象，而是源于倡导性规范所具备的软法特征可以有效回应上市公司治理的规范诉求。一方面，如果公司在运行过程中存在重大的治理缺陷，则无法持续盈利甚至会走向死亡；另一方面，如果管制过死，让迥异的公司都遵守同样的治理规则，那么多数公司可能处于苟延残喘的状态，此时监管本身也失去了存在价值。虽然良好的公司治理结构是公司盈利的必要条件，但实践中这种"良好"的状态可能千差万别，没有放之四海而皆准的现成答案，我们无从制定出好的公司治理标准，而只能抱着敬畏的态度去发现好的标准。

由多元主体制定的倡导性公司治理规范，相较于立法机构颁布的"硬法"，不但在制定主体上表现出开放性和自上而下性，制定程序上具有灵活性和便捷性，而且"不披露即解释"规则的执行方式和弹性的表述也迎合了上市公司治理多样化的需求，使公司在"明目张胆"的违反时还有机会向投资者做出解释沟通，并为规范的生成提供了难得的检验机会；或者发自内心地遵守准则条款，更能凸显规范的宣传性和表彰性，公司管理层也能赢得更多声誉。更重要的是，倡导性规范对上市公司而言是一种内生性的规范，侧重于表达和反映监管机构所代表的国家意志之外的其他共同体的意志，并利用市场中的信号甄别功能去发挥作用，相较于外在强制而言更容易被接受。从这个层面看，上下贯通、内外融合的软法规制路径更能实现规范和实践二者之间的范式转换。

---

[1] 例如通用汽车公司在 1991 年发布的《关于公司治理重大问题指南》，加利福尼亚州公共雇员退休系统（California Public Employees Retirement System）制定的《公司治理市场准则》，以及 1993 年美国法律研究院发布的《公司治理原则：分析与建议》等。

(三)软法规范对差异化信息披露的促进作用

软法规制信息披露的基础在于契合公司治理的内生性。而回到本书的核心命题即差异化信息披露来看,软法的促进作用具体表现为以下三个方面:

(1)拓展差异化信息披露立法中的沟通渠道。制定差异化信息披露规范的首要基础是从迎合监管者的信息需求转向迎合投资者的信息需求,而投资者的信息需求又依赖于充分呈现不同上市公司之间的客观差异。软法制定主体的开放性以及制定程序的灵活性可以调动各方积极参与到规范制定的过程当中,广泛征求上市公司与投资者的意见,让他们有更多机会表达自己在信息供给和信息需求当中的利益诉求,这样确定的规范内容更具有实践基础。

(2)指引上市公司完善治理结构或披露信息。差异化信息披露是通过立法和监管引导公司根据自身情况进行重点或非重点、全面或简单披露,甚至仅仅做解释性披露。而良好的软法规范既可以为公司内部治理提供可供借鉴的模板,引导创业公司效仿管理;也可以为公司进行差异化披露提供参考依据,比如只需解释披露与规范不一致的内容,其他部分只需声明与规范一致即可,这在很大程度上减轻了公司信息披露的成本。

(3)提高投资者阅读信息的针对性。以公司治理的软法规范为例,投资者在熟知公司治理模板之后,就可以在更短时间内从公司的信息披露文本提炼出与模版中不一致的内容,从而抓住公司的核心信息,提高阅读的有效性。

(四)差异化信息披露软法规范的实现

1.《上市公司治理准则》的软法化修正

我国目前的《上市公司治理准则》从结构和内容来看基本涵盖了上市公司治理领域的主要问题,在提升我国上市公司治理结构方面发挥了积极作用。但在差异化信息披露制度体系构建的背景下，该准则还应在以下方面进行改进：

（1）规范对象的针对性。《上市公司治理准则》现有内容比较空泛粗略，其中很多内容都是将《公司法》的相关规定照抄一遍，没有针对不同公司的治理结构做特殊规定，适用主体无法从中获得有效信息，失去了其本身应有的价值。差异化的信息披露要求不同公司根据有针对性的规范披露更多特色信息。因此，建议准则在未来修订时，借鉴深圳证券交易所分别针对主板、中小板和创业板上市公司发布不同《上市公司规范运作指引》的做法[①]，在准则内针对不同规模、不同板块或一些特殊行业的上市公司治理结构增加具体内容。

（2）制定过程的开放性。准则的制定比较封闭，在制定主体上完全是由监管机构自上而下主导制定，虽然在制定颁布前也在网站和媒体上发布了《征求意见稿》，但并没有与投资者、上市公司等适用对象形成互动交流，这也是最后造成其内容比较空泛的原因之一。建议未来修订准则时，由证监会牵头，组织证券业协会、上市公司及机构投资者等各方市场参与主体的代表以及公司治理领域的专家学者多方组成专门的委员会负责准则修订工作，并且定期对其实施效果进行反馈性调查，以保障准则能够符合公司治理的最佳实践。

（3）实施方式的灵活性。目前，多数国家的公司治理准则都采取"不披露即解释"规则，也有少部分国家采取"自愿遵守+自愿披露"的模式。[②] 后一种模式在最大程度上尊重了上市公司的自主选择权，但这种方式的弊端也是显而易见的，投资者难以对上市公司的重大风险

[①] 深圳证券交易所于2015年2月11日分别针对主板、中小板和创业板上市公司发布了三则《上市公司规范运作指引》，于2015年3月20日开始实施。这些指引以信息披露为核心理念，增加了"解释性披露"内容，减少事先报备要求，强化事中事后监管；同时鼓励上市公司自治，加强对中介机构的监督。

[②] 比如奥地利、巴西和丹麦都采取"自愿遵守+自愿披露"的双层自愿模式，即是否遵守以及是否披露都是自愿的。

予以察觉。因此，建议在我国的准则中纳入"遵守或解释披露"的规则。具体可以将准则分为效力不同的三个部分：现有法律阐述、约束性规范和建议性内容。第一部分的法律阐述是对现有法律精神及要点的提炼，帮助上市公司更好的理解遵守；第二部分的约束性规范中引入"不披露即解释"的规则，要求公司在每年的定期披露报告中对本报告期间内公司遵守准则的情况进行披露，指出没有遵守的内容，并对其采取的替代性做法进行详细说明。第三部分的建议性内容可以不遵守并且无须解释。

2. 通过上市规则导入信息披露义务

一般来说，导入信息披露义务的具体方式有两个：其一，通过上市规则。即要求上市公司公开声明其是否遵守了公司治理准则的建议，并视情况决定公司是否需要解释自身行为和规范存在偏差的原因。这种模式的优势在于方便公司报告，适度激励其遵守软法规范。澳大利亚、加拿大、英国等国家采取这种模式。其二，通过法律。即在《公司法》或《证券法》中规定公司必须披露其是否遵守软法建议，并说明没有遵守的原因。德国目前采取这种模式。笔者认为，我国《证券法》中已经授权证券监管机构对信息披露做出更详细的规定，因此，可以选择由行政监管机构颁布规章或部门规范性文件来实现，此外，也可以直接通过证券交易所的上市规则引入软法实施的信息披露义务，而不必一定通过《公司法》或《证券法》来导入。

当然，软法并不是完全取代上市公司信息披露中的硬法规范，而只是起到补充和辅助作用。硬法是公司必须遵守的最低限度的信息披露规范，但对于公司所存在的特殊性，无法在统一规范中做出的具体规定，就有必要形成倡导性的指引，让上市公司自己披露是否遵守这些建议或采取其他措施。至少在理想意义上，硬法、软法及公司内部控制机制三者之间形成多层次、相互协调的上市公司信息披露体系，在各自领域发挥着各自作用。

第二节　上市公司差异化信息披露的监管体系

完善立法规范是构建差异化信息披露体系的基石，而实施差异化的信息披露监管措施是连接法律规范和实践操作之间的桥梁。本书第三章的分析指出，上市公司分类监管是在不同公司之间实行差异化信息披露的基础。我国虽然早在 2001 年就尝试对上市公司实行分类监管，但最终并未建立起分类监管的完整体系。经过十几年的积累，虽然我国监管机构已经具备一些较为成熟的监管经验，但上市公司数量的增加使得监管资源严重不足，而差异化信息披露体系的完善又有赖于上市公司分类监管体系的建立，因此，建立上市公司分类监管体系已经势在必行。本节便从上市公司分类监管的原则、上市公司分类监管指标的选择以及分类监管下上市公司差异化信息披露的实现三个方面进行论述。

一、上市公司分类监管体系的建立

（一）上市公司分类监管的原则

本书在第三章中已指出，分类监管的理念在我国证券市场首先是针对上市公司监管提出的，早期也进行了相应探索，但在此后的立法实践上却又大大滞后于证券公司和期货公司。瓶颈在于缺乏一套完整的分类监管体系，该体系的建立首先有赖于确定上市公司分类监管的原则。

已经明确的是，对上市公司进行分类评级的目的在于调和日益提高的监管要求与监管资源稀缺之间存在的冲突，因此，公司的分类结果应当作为合理分配监管资源的基本依据。基于这一前提，笔者认为首先应当坚持分类与监管紧密结合的原则。这既包括分类的过程与监管相结合,即将监管机构对上市公司日常监管的监管结果纳入评价计分;也包括分类的过程与监管措施相结合,如对不同分类层次中上市公司的信息披露频率、方式,披露的重点以及运作过程中的风险准备金,业务行政许可等事项挂钩。

其次,应当坚持风险导向原则。现阶段我们实行对上市公司分类监管的根本目的在于集中监管资源,识别风险公司并督促其改善运作水平,提升市场整体效率。在此过程中挖掘一些良好上市公司的目的也在于为风险公司树立学习范本。因此,在对上市公司进行类别划分和等级确定时应当注意:以评价日常运行的风险程度为主导,以价值发现为参考,而非前后颠倒。这就需要我们在设置指标权重时偏重于合规性和风险性,而将营利性和成长性等类似指标作为次要指标考虑。[1] 当然,在此过程中不仅要关注上市公司的违法违规情况,也要促进争先争优,客观上起到引导公司避劣趋优之效。

(二)上市公司分类监管的评价指标

在确定分类监管基本原则以后,科学合理地选取分类监管评价指标便是保证分类监管实施效果的关键,同时也是分类监管体系构建中的难点。要将目前在我国沪深两市上市的共计3946家公司全部纳入评价体系[2],应当保证指标的选取具有可比性、动态性和可操作性。(1)可比性是指尽可能从不同层次、不同方位涵盖上市公司的风险要素。指标所反映的信息既要具有纵向可比性,动态地反映上市公司风险的发展过程和内在变化规律,也要考虑横向可比性,以实现不同行业上市公司的比较。(2)动态性是指根据不同时期监管要求的变化对分类

---

[1] 黄立新、陈论、陈刚泰等:《上市公司分类监管研究》,载《证券法苑》(第九卷),法律出版社2013年版,第770页。

[2] 参见深圳证券交易所网站,http://www.szse.cn/,最后访问时间2020年8月9日;上海证券交易所网站,http://www.sse.com.cn/,最后访问时间2020年8月9日。

评价指标进行动态调整。（3）可操作性是指应当从上市公司日常监管的关注事项中选取，所选取的指标应当明确、清晰、不易出现误解，让上市公司和投资者容易识别理解。

此外，应当注意控制指标的数量，如果指标太多则会失于烦琐，指标太少又不能全面评价上市公司的风险状况。还可以考虑设置不同层次的指标体系，即设置较为简洁、稳定的一级指标，确定分类评价的基本范围。在此之下设置二级、三级指标，分项细化一级指标的具体要求，在需要进行更新调整时也可以先从二级、三级指标入手做小范围调整，以保证一级指标的相对稳定性。笔者在此仅探讨一级指标的设置项目。

从已有的研究观点来看，目前一致认为一级指标至少应当包括五大指标：公司治理水平、募集资金使用情况、信息披露质量、财务水平、风险指标。除此以外，江苏省证监局研究指出，考虑到实践中可能存在个别公司较为隐蔽但暂时没有明确线索或条例可以界定为违规行为的情况，故应当将监管判断也列为一项评价指标。[①]但笔者认为，一级评价指标的设置应当尽量具有普遍性、代表性，而该指标属于特殊情况的应对方法，可以考虑放在二级或三级指标当中。下面笔者对前述五项一级指标进行简要分析。

1. 公司治理水平

公司治理水平的高低是判断一个公司能否长久生存或盈利的基础，也是机构投资者投资风险评价体系中的一个重要组成部分。一般而言，良好的上市公司治理至少应当包括以下几个方面：（1）公司治理组织架构完善，包括股东会、董事会、监事会和职业的经理层；（2）议事规则和决策程序完善，内部运作规范；（3）公司内部组建了专业委员

[①] 参见黄立新、陈论、陈刚泰等：《上市公司分类监管研究》，载《证券法苑》（第九卷），法律出版社2013年版，第770页。

会负责关联交易、公司审计、高管提名和薪酬分配等专门事项的审议，比如包括审计委员会、风险管理委员会、薪酬委员会等；（4）公司董事及高管各司其职、勤勉尽责；（5）公司内部具有制衡机制，防止一股独大或侵害中小股东利益；（6）注重投资者关系的维护；等等。① 这些内容可以具体细化为数据指标，反映出哪些治理结构下会增加投资者权益，哪些会增加投资者风险。也利于投资者清楚了解各个上市公司的治理结构，并对比同行业或同一板块中公司治理的优劣。因此，公司治理水平应当是上市公司分类评级的基础指标。

2. 募集资金使用情况

上市公司从投资者处募集资金并使用是资本市场的基础关系，因此，从保护投资者利益的角度出发，对募集资金使用情况的考察也是分类评级的重要参考指标。这一指标又包括募集资金是否妥善保管、是否按照原有方向使用或期间更改用途、更改用途的是否及时披露、资金的使用进度是否按照原计划进行等。虽然这一指标只能在特定时段内对上市公司进行考察，对于那些上市时间较长、募集资金已经使用完毕的公司该指标将不再适用，但从长远来看，该指标对于支持规范运作的上市公司借助资本市场进行再融资具有重要意义。

3. 信息披露质量

在完备的公司治理评价体系内，信息披露质量是其中的衡量指标之一，但鉴于信息披露是投资者对公司进行风险评估、价值判断的重要来源，也是监管工作的重点，因此，将上市公司信息披露质量单列为一项考核指标是必要的。

4. 财务水平

虽然在我国目前证券发行注册制的改革目标下强调弱化对发行人

---

① 参见李维安：《中国公司治理与发展报告》（2012），北京大学出版社2012年版，第138—139页。

财务指标的考核而重点审查信息披露质量，但公司的财务数据仍旧可以反映其成长性和营利性，并可以借此判断上市公司回报投资者的能力。这样既可以促进公司在资本市场中的良性竞争，引导资金合理配置，也可以对业绩较差的公司进行梳理和分类，是改善上市公司整体质量的重要一环。上市公司的盈利能力主要体现在主营业务利润率和净资产收益率，成长性则代表其主营业务的市场发展潜力。创业板上市公司最普遍的特征就是"高成长性"，即企业所在行业前景良好，但企业的市场占有率暂时不高，但未来具有很好的发展空间。

5. 风险指标

风险指标重在归集公司的重大风险事项，确保不遗漏重点关注及重大风险事项，如果公司出现因为违法违规行为被采取监管措施等情况，监管机关可以在特定时期内重点关注其资金占用、内幕交易等方面是否存在问题。本书在第三章中提到，证监会早在2001年就已要求派出机构建立上市公司风险分类监管制度，区分"存在重大风险""存在一定风险"和"风险较小、运作规范"三种类型，对上市公司采用不同的监管措施和不同的监管力度，合理分配监管资源。但下一步，作为一项分类监管的衡量指标，还需要监管部门对风险级别的内涵进行具体界定，明确各风险级别应对的具体监管措施和强度。

根据上述指标所反映的风险程度的不同，应当对其赋予不同权重再进行评判量化，一般而言，风险指标所反映的风险最为直观，所附权重应当最高，其次是公司治理和信息披露，财务指标和募集资金的使用方向所附权重可以稍低。

二、分类监管下差异化信息披露的实现

在评价指标及每项指标的权重确定之后，据此进行评估打分并在每个年度内确定等级。但对于同一事件或类似情况的评估打分也可以

根据上市公司的历史表现进行差异化处理,对此,前文介绍的韩国证券交易所对虚假信息披露的监管方式值得我们借鉴。比如,对上市公司的信息披露进行跟踪监管,一旦发现虚假信息披露则采取扣分处罚的措施。但扣分处罚分为先后两个阶段:预扣分和最终扣分。前者按照信息披露违规动机的劣性程度以及信息披露历史表现的综合记录进行扣分,如果有2次以上相同或类似的信息披露违规情形,会从重处罚,但事先也会明确告知。在预扣分的基础上,按照其虚假披露的违规动机决定最终扣分数,但是对于那些过去具有良好信息披露的上市公司予以减轻处罚,而对于日常信息披露历史表现较差(比如经常性违规)的上市公司加重处罚。这种方法可以避免因上市公司的偶然行为或非故意动机而受到严厉处罚。

等级的确定方法可以借鉴目前证券公司和期货公司分类监管的规定办法,将评价对象分为五个风险级别,即高风险类公司、次高风险类公司、关注类公司、正常类公司、优秀类公司。有研究指出,对上市公司的级别分类不宜过多,因此不必在此基础上再做进一步的细分。[①]但笔者认为,相较于证券公司和期货公司而言,我国上市公司的总量更多,如果停留在五个级别的分类基础上,则同一等级的评级结果之间无差别性,投资者和监管者只能粗略掌握哪些公司较好,哪些公司较差,但无法在同一等级的评级结果涉及的公司内做出优劣排名,这样的评级结果不利于有效降低他们筛选的难度。因此,建议在每一级别基础上再做进一步的细分,对此实施不同的信息披露监管标准,比如:对高风险类和次高风险类的ST股、*ST股上市公司适用较高的信息披露监管标准,要求其就所存在的风险、造成风险的原因、计划采取的补救措施、整改进度等内容做重点披露,并按照规定全面披露年报、半年报及季度报告,在必要时监管机关还可以就某些重点问题

[①] 参见曾小龙:《上市公司分类监管研究》,中南大学2010年博士学位论文,第135页。

向上市公司发出询问函,要求其专门解答并在指定网站和报刊上披露;对正常类或优秀类的上市公司实施例行监管,可以允许其进行简化披露或解释性披露,免于披露季报以降低信息披露频次或实行信息披露绿色通道制。除此以外,对关注类的上市公司则实行适度监管。

第三节 上市公司差异化信息披露的配套机制

上市公司差异化信息披露的全面展开和顺利落实,不仅有赖于完整的法律规范和针对性的监管措施,还必须通过各项配套制度予以支持,这既包括差异化信息披露的实践认定,也包括信息披露评级制度的完善。

一、规范差异化信息披露的实践认定

必须承认,在我国证券市场的立法和监管中对于差异化信息披露的探索仍然处于认知初期,于此,笔者分别详细阐述了差异化信息披露的存在空间和表现形式。但是,在实践中如何进行认定至关重要。一方面,所制定的信息披露规范和监管标准都是一些僵化的文字表述,如果不对实践认定的操作进行标准化规范,很可能给那些借此不履行信息披露义务的上市公司留一个有利的狡辩借口,甚至可能引发更多内幕交易等违法违规行为,这必将使差异化信息披露的改革最终走向失败。因此正如有学者指出的:"为提高信息披露质量,中国目前需要完善整个信息披露制度的背景环境,建立有效的信息披露实施机制。"①

---

① 上海证券交易所研究中心:《中国公司治理报告》(2003),复旦大学出版社 2003 年版,第 245 页。

另一方面，由于上市公司的多样性，导致其信息披露兼具丰富性和复杂性，要真正在不同市场板块、不同行业、不同公司之间有效认定差异化的信息披露，首先要保证对接特定行业、特定市场板块的监管人员相对稳定，即对其所对接的上市公司整体情况较为熟悉，同时也能够进行有效沟通并给予正确指导。此外，差异化信息披露的实践认定是一项庞大且烦琐的系统工程，在监管资源缺乏、专业人员不够的情况下，其实施效果会大打折扣。

对此，笔者提出两个建议：其一，优化监管人员的阵型安排。差异化信息披露需要我国进一步拓展分行业、分板块信息披露的覆盖范围，这也需要安排稳定的监管人员收集、整理行业信息，熟悉行业基本情况和规律，按照特定行业上市公司在经营、业务、财务等方面的共性来深化信息披露认定的精度和深度。其二，有研究指出，可以效仿证监会股票发行审核委员会和证券交易所上市委员会、指数专家委员会等相关做法建立"信息披露咨询委员会"，专门负责认定上市公司分类登记和差异化信息披露的范围和内容。[①] 在愈加复杂的市场环境下，成立专门的信息披露咨询委员会有利于吸纳各界力量共同应对上市公司信息披露的新特点、新问题，切实推进我国差异化信息披露工作的展开。为保证咨询委员会的客观独立、技术权威、背景广泛，其组成人员可以从证监会、证券交易所、证券公司、会计师事务所、律师事务所、新闻媒体、院校和科研机构等组织中的工作人员中选聘产生。咨询委员会可以制定《差异化信息披露认定规则说明》等文件以统一实践认定的标准和尺度，并定期公布上市公司信息披露的情况和差异化信息披露的具体内容。还可以在前文提到的《差异化信息披露的个案分析与建议》的规范形成过程中发挥重要的认定和评估作用。当然，

---

① 参见徐聪：《试论我国上市公司差异化信息披露制度之构建》，载黄红元、徐明主编：《证券法苑》(第四卷)，法律出版社 2011 年版，第 347 页。

咨询委员会的工作职责并不限于推进差异化信息披露的实践展开，还应当从多个方面对我国信息披露立法、监管和实践建言献策。其主要职责应当包括但不限于：（1）定期评估我国境内上市公司的信息披露质量和证券交易所的监管措施及其效果，并以自己的名义发布评价报告；（2）跟踪评估我国信息披露制度规范、监管体系，并为交易所或上市公司在信息披露监管和实践操作中遇到的疑难问题提供专家咨询意见；（3）研究国内外最新的信息披露监管动向和发展方向，为我国信息披露未来的改进完善提供参考素材和建议。

二、完善信息披露评级制度

随着世界各国证券市场趋向成熟，对信息披露的重视愈加凸显，于是与此有关的各种评比活动也越来越多。根据评比对象的不同，可以分为两种：一种是以信息披露载体为基础的评比活动，主要以年报为评比对象，从上市公司中评出最佳年报奖；另一种是以信息披露本身为基础的评级活动，并依此划分等级。① 国外主流的年报评比活动主要有：（1）英国《投资者关系》杂志举办的投资者关系全球评比（IR Global Rankings）活动；（2）美国通讯公关职业联盟举办的年度报告评比（LACP Annual Report Competition）活动；（3）美国投资与管理研究协会举办的 AIMR 信息披露评级；（4）标准普尔公司推出的公司透明度和信息披露评级（Transparency and Disclosure Rankings）等。这些评比活动所采取的评选标准和参评规则有所不同，但总体来说评比的依据已经不再局限于关注信息披露中的财务信息披露质量，而是更加注重上市公司在信息披露中再现其价值创造的过程，既包括披露

---

① 参见孙光国、王文慧：《中国好年报：上市公司年报评比与评级的思考与建议》，《当代会计》2014 年第 1 期。

内容是否丰富，也包括披露的内容能否充分反映公司特色，一般而言，获奖的信息披露都具有可靠性、相关性和及时性、简明性的特征。这些评比结果可以作为监管机关确定分类监管和重点监管的参考依据，同时还可以对上市公司信息披露的编制起到示范效应，使上市公司更加积极主动地改进信息披露质量，从而使高质量的信息在生产源头上得以保证。

深交所的信息披露评级是我国唯一的、由权威机构发布的信息披露评级记录，从2002年开始根据《上市公司信息披露工作考核办法》（以下简称《考核办法》）进行评级到目前，已经持续12年有余，期间也不断总结经验，多次征询上市公司，对考评机制进行调整，并于2013年修订了《考核办法》。从现行规定来看，考核依据包括真实性、准确性、完整性、及时性、合法合规性和公平性六大原则，每项原则下又有细分的考核标准，考核结果从高到低分为 A、B、C、D 四个等级，并将此记入上市公司诚信档案，同时向社会公开。[①] 相较而言，上交所在这方面的实践较为逊色。虽然早在2001年就发布了《上海证券交易所上市公司年度信息披露工作核查办法》，并在同年度对其管辖下的上市公司进行了考评并公布结果，但后续年度没有继续。直到2013年10月重新发布《上海证券交易所上市公司信息披露工作评价办法（试行）》，该办法指出据此得出的上市公司信息披露工作评估结果将成为对上市公司进行监管分类并实施分类监管的依据。[②] 可以看出，两大交易所的信息披露考评机制虽然已经有了实质性突破，但仍有改进的余地。

首先，目前的考核依据仍旧是从监管当局认为投资者"应当需要"的角度出发，而非投资者的"实际需要"，这些标准与不同行业、不同

[①] 参见《深圳证券交易所上市公司信息披露工作考核办法》（深证上〔2013〕112号）。
[②] 参见《上海证券交易所上市公司信息披露工作评价办法（试行）》第三条。

板块上市公司的特殊信息之间的衔接不够紧密，因此建议未来的修订继续从这些维度来强调公司积极披露特色信息。

其次，没有对其考评范围和标准予以公开。目前深交所仅仅给出了相应的考评依据，且范围非常笼统，这些考评事项几乎涵盖了深交所内上市公司在考评年度内的所有信息披露行为，而每次信息披露活动或每项信息披露内容在该次评级中的权重、对评价结果影响的大小均未予公开。从考评标准来看，每一则考评事项的评分标准也不够透明和细化，在实践中，上市公司难以了解自身信息披露评级结果的成因，也不易据此发现问题、找到差距并进行改进。最终，也会相应减弱评级结果对上市公司信息披露质量提升本应有的促进作用。因此，建议交易所尽快将信息披露的考评过程、考评内容和考评标准予以细化，并对外公开。比如考核内容、每项内容对考评结果的影响权重、考评工作展开的具体流程，等等。这些信息的公开有助于使受评公司了解自身信息披露的不足之处，认识到自身与标准做法之间的差距，为其未来改进起到引导作用。

最后，没有对评级结果较差公司形成威慑力。从深交所以往的信息披露评级活动中可以看到，那些评级结果较差（如被评为 C 级、D 级）的公司中有很多都是 ST 公司，而且有些公司在连续几个年度的信息考评中均表现不佳。但事实上，这些公司仍然在资本市场上正常运作，而没有因为不良的考评结果而受到太多影响。这些公司对市场资源的占用不利于市场效率的提高。由此可见，评级考核结果制约力和惩罚力的不足，导致上市公司缺乏改善的动力，这严重影响了评级效果。因此，未来应当着重探索对那些获评结果较差的公司实施更为严厉的处罚措施，以督促其改善治理，提升信息披露质量。

本章在前面四章的论述基础上，提出了我国上市公司差异化信息披露体系构建的具体路径，也即从立法构造、监管体系、配套机制三个方面进行修正和完善。在立法构造层面，可以采取"软硬兼施"的方式。其中，硬法规制的路径包括在《证券法》中对差异化信息披露进行原则性规定，制定《差异化信息披露管理办法》，同时还应考虑建立《差异化信息披露的个案分析与建议》。软法规制的路径包括对我国《上市公司治理准则》进行软法性修正，并导入"不披露即解释"规则。就监管而言，差异化信息披露的监管体系属于上市公司分类监管体系中的一个子系统或分类监管的表现形式和实施依据，因此，当务之急是摸索出建立上市公司分类监管体系的科学方法。对此，笔者从上市公司分类的原则、分类评价的指标以及分类评价结果的使用三个方面提出相应建议。除了立法和监管的改进以外，差异化信息披露的顺利实施还有赖于配套机制的完善，而这一重任和职权应赋予交易所来执行。即成立信息披露咨询委员会来促进差异化信息披露的规范认定，也包括完善我国上市公司信息披露评级制度。

结　语

　　真正伟大的法律制度是这样一些制度：它们的特征是将僵硬性与灵活性予以某种具体的、反复的结合，在这些法律制度的价值、原则和技术中，它将稳固的、连续的效能同发展变化的利益联系起来，从而在无往不利的情形下也可以具有长期存在和避免灾难的能力。

——埃德加·博登海默（Edgar Bodenheimer）

　　整个证券市场的运作可以被视为一个"三信"——信息、信用、信心三位一体——产业。信息是前提，信用是核心，信心是保证。但事实上，法律不应苛求每个投资者都成为投资专家，事实上也无法做到。在这个信息爆炸而需求多元的时代，作为证券法之核心与灵魂的信息披露制度，应当注意不同投资者在信息处理意愿和信息处理能力上的区别，以及不同上市公司在规模、类属、质量等方面的差异而进行差异化的制度安排。当然，现实可行的做法并非是要针对每个公司量身打造，而是以类型划分为基础，进行差异化的立法、监管和实践。

　　行文至此，笔者按照发现问题、归纳问题、寻找方向、提出方案、构建体系的逻辑径路完成了对上市公司差异化信息披露这一问题的研究。但必须正视，随着市场环境的变化，交易主体的需求也在不断改变。以差异化为方向对信息披露进行理论研究和实践探索的道路还颇为漫长，毕竟，差异化信息披露仅具有工具性价值，而真正的目的在于提高信息披露有效性，优化市场资源配置。因此，希望本书能够抛砖引玉，期待出现更多的研究成果和实践经验。

参考文献

一、中文类

(一)著作

K. 弗莱德·斯考森、斯蒂芬·M. 格洛夫、道格拉斯·F. 普莱维特:《公司治理与证券交易委员会》,方红星译,大连:东北财经大学出版社,2006年。

阿克洛夫、席勒:《动物精神》,黄志强等译,北京:中信出版社,2012年。

艾利斯·费伦:《公司金融法律原理》,罗培新译,北京:北京大学出版社,2012年。

白建军:《法律实证研究方法》,北京:北京大学出版社,2014年。

本·沙哈尔:《过犹不及》,陈晓芳译,北京:法律出版社,2015年。

博登海默:《法理学:法律哲学与法律方法》,邓正来译,北京:中国政法大学出版社,2004年。

布莱恩·R. 柴芬斯:《公司法:理论、结构和运行》,林华伟、魏旻译,北京:法律出版社,2002年。

蔡奕:《十字路口的中国证券法——中国证券市场法制新问题研究》,北京:人民法院出版社,2009年。

蔡奕：《证券市场监管执法的前沿问题研究——来自一线监管者的思考》，厦门：厦门大学出版社，2015年。

曹凤岐、刘力、姚长辉：《证券投资学》，北京：北京大学出版社，2013年。

陈兴良：《刑法的价值构造》，北京：中国人民大学出版社，1998年。

大信会计师事务所：《中国证券市场IPO审核财务问题800例》，北京：经济科学出版社，2012年。

道格拉斯·C.诺思：《经济史上的结构和变革》，厉以平译，北京：商务印书馆，1992年。

邓峰：《普通公司法》，北京：中国人民大学出版社，2009年。

董安生、何以等：《多层次资本市场法律问题研究》，北京：北京大学出版社，2013年。

菲利普·伍德：《金融法的世界地图》，陈儒丹、黄韬译，北京：法律出版社，2013年。

弗兰克·伊斯特布鲁克、丹尼尔·费希尔：《公司法的经济结构》，张建伟、罗培新译，北京：北京大学出版社，2005年。

福布斯：《行为金融》，孔东民译，北京：机械工业出版社，2011年。

高明华、张会丽等：《中国上市公司财务治理指数报告（2013）》，北京：经济科学出版社，2013年。

高明华：《中国上市公司信息披露指数报告（2010）》，北京：经济科学出版社，2010年。

高明华：《中国上市公司信息披露指数报告（2012）》，北京：经济科学出版社，2012年。

耿利航：《中国证券市场中介机构的作用与约束机制——以证券律师为例证的分析》，北京：法律出版社，2011年。

郭峰：《证券法评论2015年卷》，北京：中国法制出版社，2015年。

郭媛媛：《公开与透明：国有大企业信息披露制度研究》，北京：

经济管理出版社，2012 年。

黑格尔：《小逻辑》，贺麟译，上海：世纪出版集团，2009 年。

胡静波：《我国上市公司信息披露制度及其有效性研究》，北京：科学出版社，2012 年。

黄茂荣：《法学方法与现代民法》，北京：法律出版社，2007 年。

经济合作发展组织：《〈OECD 公司治理原则〉实施方法评价》，周清杰译，李兆熙校，北京：中国财政经济出版社，2008 年。

卡尔·拉伦茨：《法学方法论》，陈爱娥译，北京：商务印书馆，2004 年。

柯武刚、史漫飞：《制度经济学：社会秩序与公共政策》，韩朝华译，北京：商务印书馆，2004 年。

拉古拉迈·拉詹、路易吉·津加莱斯：《从资本家手中拯救资本主义》，余江译，北京：中信出版社，2004 年。

拉里·哈里斯：《监管下的交易所》，上海证券交易所译，北京：中信出版社，2010 年。

莱纳·克拉克曼、保罗·戴维斯：《公司法剖析：比较与功能的视角》，刘俊海译，北京：北京大学出版社，2007 年。

蓝文永：《上市公司信息披露机制的投资者保护功能研究》，成都：西南财经大学出版社，2010 年。

李维安：《中国公司治理与发展报告 2012》，北京：北京大学出版社，2012 年。

李忠：《中国上市公司信息披露质量研究：理论与实证》，北京：经济科学出版社，2012 年。

梁飞媛：《中国上市公司自愿性信息披露与监管》，北京：经济管理出版社，2011 年。

梁剑兵、张新华：《软法的一般原理》，北京：法律出版社，2012 年。

陆一：《闲不住的手》，北京：中信出版社，2008 年。

路易斯·罗斯、乔尔·塞里格曼：《美国证券监管法基础》，张路译，北京：法律出版社，2008年。

罗伯塔·罗曼诺编著：《公司法基础》，罗培新译，北京：北京大学出版社，2013年。

罗伯特·C.埃里克森：《无需法律的秩序——邻人如何解决纠纷》，苏力译，北京：中国政法大学出版社，2003年。

罗伯特·席勒：《金融与好的社会》，束宇译，北京：中信出版社，2012年。

罗豪才主编：《软法的理论与实践》，北京：北京大学出版社，2006年。

罗纳德·科斯：《企业的性质》，载盛洪主编：《现代制度经济学（上册）》，北京：北京大学出版社，2003年。

罗培新：《公司法的合同解释》，北京：北京大学出版社，2004年。

罗斯科·庞德：《通过法律的社会控制、法律的任务》，北京：商务印书馆，1984年。

马丁·海德格尔：《同一与差异》，孙周兴、陈小文、余明锋译，北京：商务印书馆，2011年。

马克斯·韦伯：《经济行动与社会团体》，康乐等译，桂林：广西师范大学出版社，2004年。

缪荣：《公司声誉》，北京：经济管理出版社，2013年。

乔迪·S.克劳斯、史蒂文·D.沃特：《公司法和商法的法理基础》，金海军译，北京：北京大学出版社，2005年。

乔尔·赛里格曼：《华尔街变迁史——证券交易所委员会及现代公司融资制度的演化进程》，田风辉译，北京：经济科学出版社，2004年。

阙紫康：《多层次证券市场发展的理论与经验》，上海：上海交通大学出版社，2007年。

让-皮埃尔·戈丹：《何谓治理》，钟震宇译，北京：社会科学文献出版社，2010年。

上海证券交易所研究中心：《中国公司治理报告（2003）》，上海：复旦大学出版社，2003年。

沈朝晖：《证券法的权力分配》，北京：北京大学出版社，2016年。

盛学军：《证券公开规制研究》，北京：法律出版社，2004年。

宋晓燕：《证券法律制度的经济分析》，北京：法律出版社，2009年。

谭立：《证券信息披露法理论研究》，北京：中国检察出版社，2009年。

唐纳德·E.坎贝尔：《激励理论：动机与信息经济学》，王新荣译，北京：中国人民大学出版社，2013年。

田存志、王聪：《证券市场信息非对称问题的理论与实证研究》，北京：中国社会科学出版社，2013年。

吴国萍、黄政：《信息披露违规——公司治理与投资者保护》，北京：科学出版社，2012年。

徐国栋：《民法基本原则解释》，北京：中国政法大学出版社，1992年。

徐向艺主编：《现代公司治理》，北京：经济科学出版社，2013年。

姚晨曦、David A. Sirignano：《美国证券发行经典案例教程》，北京：中国金融出版社，2012年。

叶林：《证券法》，北京：中国人民大学出版社，2013年。

约翰·C.科菲：《看门人机制：市场中介与公司治理》，黄辉、王长河译，北京：北京大学出版社，2011年。

约瑟夫·斯蒂格利茨：《信息经济学：应用》，北京：中国金融出版社，2009年。

詹姆斯·R.巴斯、小杰勒德·卡普里奥、罗斯·列文：《金融守护人：监管机构如何捍卫公共利益》，杨农、钟帅、靳飞等译，北京：

生活·读书·新知三联书店，2014年。

张力：《上市公司信息披露与分析》，成都：西南财经大学出版社，2005年。

张维迎：《理解公司：产权、激励与治理》，上海：上海人民出版社，2014年。

张维迎：《市场的逻辑》，上海：上海人民出版社，2010年。

张文显：《二十世纪西方法哲学思潮研究》，北京：法律出版社，2006年。

张忠野：《公司治理的法理学研究》，北京：北京大学出版社，2006年。

赵立新、黄燕铭：《构建以投资者需求为导向的上市公司信息披露体系》，北京：中国金融出版社，2013年。

赵威、孟翔：《证券信息披露标准比较研究——以"重大性"为主要视角》，北京：中国政法大学出版社，2013年。

钟宏武、张旺、张蒽等：《中国上市公司非财务信息披露报告》，北京：社会科学文献出版社，2011年。

朱锦清：《证券法学》，北京：北京大学出版社，2011年。

朱伟一：《美国证券法判例和解析》，北京：中国政法大学出版社，2013年。

（二）论文

陈彩虹：《法律：一种激励机制》，《书屋》2005年第5期。

陈洁：《金融投资商品统一立法趋势下"证券"的界定》，载黄红元、徐明主编：《证券法苑》（第五卷），北京：法律出版社，2011年。

陈实：《证券市场的信息生产制度——一个品质考核的理论进

路》,《北京大学学报(哲学社会科学版)》2011 年第 5 期。

陈甦、陈洁:《证券法的功效分析与重构思路》,《环球法律评论》2012 年第 5 期。

陈艳莹、高东:《企业生命周期理论研究综述》,《经济研究导刊》2007 年第 5 期。

程金华:《市场治理模式与中国证券律师——基于 1148 家 IPO 案例的实证报告》,《证券法苑》(第九卷),北京:法律出版社,2013 年。

程信和:《硬法、软法与经济法》,《甘肃社会科学》2007 年第 4 期。

董新义:《论上市公司信息披露监管的制度完善——以韩国制度为借鉴》,《证券法苑》(第十一卷),北京:法律出版社,2014 年。

胡晓静:《实践〈公司治理规则〉的法律途径——论修订后的〈德国股份法〉第 161 条》,《当代法学》2005 年第 4 期。

华东政法大学课题组、顾功耘:《证券法的调整范围与立法体例研究》,《证券法苑》(第十卷),北京:法律出版社,2014 年。

黄立新、陈论、陈刚泰等:《上市公司分类监管研究》,《证券法苑》(第九卷),北京:法律出版社,2013 年。

姜明安:《完善软法机制,推进社会公共治理创新》,《中国法学》2010 年第 5 期。

廖凡:《钢丝上的平衡:美国证券信息披露体系的演变》,《法学》2003 年第 4 期。

林毅夫:《强制性制度变迁与诱致性制度变迁》,载盛洪主编:《现代制度经济学(下册)》,北京:北京大学出版社,2003 年。

小约翰·科菲:《市场失灵与强制披露制度的经济分析》,徐菁译,《经济社会体制比较》2002 年第 1 期。

苗壮:《美国证券法强制披露制度的经济分析》,《法制与社会发展》2005 年第 2 期。

钱弘道:《经济分析法学的几个基本概念阐释》,《同济大学学报（社会科学版）》2005 年第 2 期。

钱炜江:《论法律中的同一与差异》,《法律科学（西北政法大学学报）》2013 年第 2 期。

沈岿:《软法概念之正当性新辨——以法律沟通论为诠释依据》,《法商研究》2014 年第 1 期。

杨清望:《和谐：法律公平价值的时代内涵》,《法学论坛》2006 年第 6 期。

叶金强:《信赖合理性之判断：理性人标准的建构与适用》,《法商研究》2005 年第 3 期。

张辉:《倡导性规范与上市公司治理》,《证券市场导报》2010 年 11 月号。

张宗新:《信息生产、市场透明度与投资者保护》,《社会科学辑刊》2006 年第 2 期。

赵海宽:《虚拟资本及其积极作用》,《金融研究》2000 年第 3 期。

中央财经大学课题组:《多层次证券市场及证券交易场所法律制度完善研究》,载黄红元、徐明主编:《证券法苑》（第十卷），北京：法律出版社，2014 年。

钟付和:《证券法的公平与效率及其均衡与整合——兼论我国证券法之立法连续性不足》,《法律科学（西北政法学院学报）》2000 年第 6 期。

周晓松:《定义"证券"：内涵加外延的立法模式》,载黄红元、徐明主编:《证券法苑》（第十一卷），北京：法律出版社，2014 年。

朱林:《证券发行注册制：制度机理、实践与建议》,载黄红元、徐明主编:《证券法苑》（第十四卷），北京：法律出版社，2015 年。

二、外文类

(一) 著作

American Institute of Certified Public Accountants, *Improving Business Reporting—A Customer Focus: Meeting the Information Needs of Investors and Creditors: A Comprehensive Report*, Mishawaka: Amer Inst of Certified Public, 1994.

Anne M. Khademian, *The SEC and Capital Market Regulation: The Politics of Expertise*, Pittsburgh: University of Pittsburgh Press, 1992.

K. J. Arrow, *The Limits of Organization*, New York: W. W. Norton & Company, 1974.

Karl. Liewellyn, *Jurisprudence Realism in Theory and Practice*, Chicago: University of Chicago Press, 1962.

Roberta Romano, *The Advantage of Competitive Federalism for Securities Regulation*, Aei Pr, 2002.

Stephen A. Zeff, Thomas F. Keller, *Financial Accounting Theory*, New York: McGraw, 1985.

W. Kip Viscusi, John M. Vernon and Joseph E. Harrington Jr, *Economics of Regulation and Antitrust*, 4th Edition, Massachusetts: The MIT Press, 2005.

(二) 论文

Annaleen Steeno, "Corporate Governance: Economic Analysis of a Comply or Explain Approach", *Stanford Journal of Law*, vol. 11, no. 2, 2006.

Armen A. Alchian and Harold Demsetz, "Production, Information Costs, and Economic Organization", *The American Economic Review*, vol. 62, no. 5, 1972.

Elaine A. Welle, "Freedom of Contract and the Securities Laws: Opting Out of Securities Regulation by Private Agreement", *Washington and Lee Law Review*, vol. 56, no. 2, 1999.

Eugene F. Fama, "The Behavior of Stock Market Prices", *Journal of Business,* vol. 38, no. 1, 1965.

Frank H. Easterbrook and Daniel R. Fischel, "Mandatory Disclosure and the Protection of Investors", *Virginia Law Review*, vol. 70, no. 4, 1984.

George A. Akerlof, "The Market for 'Lemons': Quality Uncertainty and the Market Mechanism", *The Quarterly Journal of Economics*, vol. 84, no. 3, 1970.

George Foster, "Intra-industry Information Transfers Associated with Earnings Releases", *Journal of Accounting and Economics*, vol. 3, no. 3, 1981.

George J. Stigler, "Public Regulation of the Securities Markets", *Business Lawyer (ABA)* 19, vol. 19, no. 3, 1964.

J. M. Dupree, "Users Preferences for Descriptive v. Technical Accounting Terms", *Accounting and Business Research*, vol. 3, no. 3, 1985.

Jeffrey N. Gordon and Lewis A. Kornhauser, "Efficient Markets, Costly Information, and Securities Research", *New York University Law Review*, vol. 60, no. 5, 1985.

Joshua Ronen, Varda (Lewinstein) Yaari, "Incentives for Voluntary Disclosure", *Journal of Financial Markets,* vol. 5, no. 3, 2002.

Kenneth B. Firtel, "Plain English: A Reappraisal of the Intended Audience of Disclosure Under the Securities Act of 1933", *Southern California Law Review*, vol. 72, no. 3, 1999.

Larry H. P. Lang and Renem. Stulz, "Contagion and Competitive Intra-industry Effects of Bankruptcy Announcements: An Empirical Analysis", *Journal of Financial Economics*, vol. 32, no. 1, 1992.

Milton H. Cohen, "Truth in Securities Revisited", *Revisited Negishi Akira Kobe Law Journal*, vol. 18, no 2, 1968.

Nemit Shroff, Amy X. Sun, Hal D. White and Weining Zhang, "Voluntary Disclosure and Information Asymmetry: Evidence from the 2005 Securities Offering Reform", *Journal of Accounting Research*, vol. 51, no. 5, 2013.

Oliver Krackhardt, "New Rules for Corporate Governance in the United States and Germany—A Model for New Zealand", *Victoria University of Wellington Law Review*, vol. 36, no. 5, 2005.

Roger G. Noll, "Economic Perspectives on the Politics of Regulation", *Handbook of Industrial Organization*, edition 1, vol. 2, chapter 22, 1989, pp. 1253-1287.

Troy A. Paredes, "Blinded By the Light: Information Overload and Its Consequences for Securities Regulation", *Washington University Law Quarterly,* vol. 81, no. 2, 2003.

W. R. Singleton, Steven Globerman, "The Changing Nature of Financial Disclosure in Japan", *The International Journal of Accounting*, vol. 37, no. 1, 2002.

Zohar Goshen and Gideon Parchomovsky, "The Essential Role of Securities Regulation", *Duke Law Journal*, vol. 37, no. 1, 2006.

(三) 其他

Directive 2001/34/EC of the European Parliament and of the Council on the admission of securities to official stock exchange listings and on information to be published on those securities.

NASDAQ Listing Rules, 5250 (d)(3); NASDAQ Listing Rules, 5250 (d)(4); NASDAQ Listing Rules, IM-5250-1.

Final Report of the Advisory Committee on Smaller Public Companies to the United States Securities and Exchange Commission (April 23), 2006.

AIM: Joining AIM-A Professional Handbook, edited by London Stock Exchange, page 13, http://www.londonstockexchange.com/companies-and-advisors/aim/documents/joining-aim.pdf.

SEC. v. Texas Gulf Sulphur Co. 401F. 2d. 833. 2A.L.R.Fed. 190 (1968).

TSC Industries, Inc. v. Northway, Inc. 426 U. S. 438, 96. S. Ct. 2126 (1976).

Basic Inc. v. Levinson, 485 U.S. 224, 108. S.Ct. 978 (1988).

Geert T. M. J. Raaijmakers, "The effectiveness of rules in company and securities law," http://papers.ssrn.com/sol3/papers.cfm?abstract_id=932022.

Corporate Governance Committee, The Belgian Code on Corporate Governance, http://www.corporategovernancecommittee.be/library/documents/final%20code/CorpoGov_UK.pdf.

Org. Econ. Cooperation and Dev., Survey of Corporate Governance Developments in OECD Countries 27, (2003), pp. 26-31, http://www.oecd.org/dataoecd/58/27/21755678.

ASX Corporate Governance Council Implementation Review Group, "If not, why not" Corporate Governance Reporting Examples (February 2005.), http://www.asx.com.au/index.htm.

The Combined Code on Corporate Governance (2003.7), http://www.fsa.gov.uk/pubs/ukla/lr_comcode2003.pdf.

Toronto Stock Exchange Request for Comments, Corporate Governance Policy-Proposed New Disclosure Requirement and Amended Guidelines (April 26, 2002). http://www.tsxventure.com/en/pdf/notices/2002-113.pdf.

FASB. Improving Reporting: Insights into Enhancing Voluntary Disclosure, http://www.fasb.org/brrp/brrp2.shtml.

Act Rel. 7497, 66 SEC Dock. 777 (1998).

SEC, Plain English Disclosure, 17CFR Parts 228, 229, 230, 239 and 274, [Release Nos. 33-7497; 34-39593; IC-23011, International Series No. 1113; File No. S7-3-97], http://www.sec.gov/interps/legal/cfslb7a.htm.

401. F. 2d. 849. (2d. Cir. 1968).

426 U. S. 438, 96. S. Ct. 2126, 48L. Ed. 2d757 (1976).

485 U.S. 224, 108. S. Ct. 978, 99L. Ed. 2d 194, 1988.

FRC. The UK Corporate Governance Code (2012). http://www.frc.org.u k/Our-Work/ Publications/ Corporate-Governance/ UK-Corporate-Governanc e-Code -September -2012.aspx.

Analysis of Corporate Governance Practices Disclosure in 2007, 2006, 2005 Annual Reports.

Remarks by Prof. Dr. Axel v. Werder (Head of the Berlin Center of Corporate Governance), on May 23, 2007. www.corporategovernance-code.de/eng.